mañana

3

Libro del Alumno

Isabel López Barberá
M.ª Paz Bartolomé Alonso
Pilar Alzugaray Zaragüeta
Ana Isabel Blanco Gadañón

Diseño del proyecto y programación didáctica
Milagros Bodas
Sonia de Pedro

Redacción: Isabel López Barberá
M.ª Paz Bartolomé Alonso
Pilar Alzugaray Zaragüeta
Ana Isabel Blanco Gadañón

1.ª edición: 2003
2.ª edición: 2007
2.ª reimpresión: 2010

© De la obra: Grupo Anaya S.A.
© De los dibujos, esquemas y gráficos: Grupo Anaya S.A.
© De esta edición: Grupo Anaya S.A., 2003, Juan Ignacio Luca de Tena, 15 - 28027 Madrid (España)

Depósito legal: M-1306-2010
ISBN: 978-84-667-6352-3
Impreso en España
Imprime: ORYMU. Pinto (Madrid)

Equipo editorial
Coordinación y edición: Milagros Bodas, Sonia de Pedro
Ilustración: El Gancho (Tomás Hijo, José Zazo y Alberto Pieruz)
Diseño de cubiertas e interiores: M. Á. Pacheco, J. Serrano
Maquetación: Ángel Guerrero
Corrección: Carolina Frías, Raquel Mancheño
Edición gráfica: Nuria González

Fotografías: Archivo Anaya (Boe, O.; Calonge, N.; Chamero, J.; Jove, V.; Lacey, T.; Leiva, Á.; Lezama, D.; Marín, E.;
Ortega, A.; Quintas, D.; Ramon, P-Fototeca de España; Ruiz, J. B. /Anaya; Ruiz y Ruiz de Velasco, J. M.;
6x6 Producción Fotográfica; Steel, M./Anaya; Vázquez, A.)

Las normas ortográficas seguidas en este libro son las establecidas por la Real Academia Española en su última edición de la *Ortografía,* del año 1999.

PRESENTACIÓN

Mañana es un curso de español en cuatro niveles dirigido a preadolescentes / adolescentes. Se ha diseñado una programación que contempla las necesidades de los profesores y las peculiaridades de los alumnos.

Cada nivel del método se compone de Libro del Alumno (+ CD audio), Cuaderno de Ejercicios y Libro del Profesor (+ CD audio).

El objetivo de este tercer nivel es ampliar los contenidos gramaticales y reforzarlos a través de actividades de diversa tipología.

Hay un gran número de actividades con las que se practican las cuatro destrezas.

El vocabulario de cada lección corresponde a un ámbito específico y crece en dificultad.

El Libro del Alumno está compuesto de Cuadro de programación, ocho lecciones, Apéndice gramatical, Transcripciones y Glosario traducido al inglés, francés, alemán e italiano.

Cada lección consta de Presentación, que incluye título, objetivos de la lección y una gran ilustración, a modo de introducción; Para empezar, destinada a la compresión oral; A trabajar, donde se practican la gramática y el léxico; Fíjate bien, sección diseñada para trabajar la ortografía y la fonética; Tu lectura, destinada a trabajar la comprensión lectora a través de textos divulgativos; Ahora habla, para practicar la expresión oral; Ahora tú, con actividades para repasar los contenidos fundamentales de la lección; Un poco de todo, sección lúdica, y Para terminar, destinada a la revisión de lo estudiado en la lección.

Existen fichas con información gramatical y funcional llamadas *¿Sabes?,* que en muchos casos incluyen una referencia al Apéndice gramatical.

Sobre el icono de los ejercicios audio se indica el número de pista del CD.

CUADRO DE PROGRAMACIÓN

Lección		Funciones
I. PARA QUE TE ENTERES	Pág. 6	– Expresar finalidad. – Enmarcar en el tiempo una acción futura. – Exclamaciones valorativas.
2. ME COMÍA UNA VACA	Pág. 16	– Expresar intención y deseo. – Contar los sueños. – Dar consejos y recomendaciones
3. QUE LO PASES BIEN	Pág. 26	– Expresar sentimientos y estados. – Expresar relaciones personales.
4. ME PARECE INCREÍBLE	Pág. 36	– Valorar una información en presente y en pasado. – Comprobar información. – Negar una opinión.
5. REGÁLAME LO QUE QUIERAS	Pág. 46	– Describir objetos y personas. – Formular definiciones. – Expresar probabilidad.
6. HA DICHO QUE LO LLAMES	Pág. 56	– Hablar por teléfono. – Transmitir una información reciente. – Expresarse por teléfono.
7. DIJO QUE ERA EL MEJOR	Pág. 66	– Reproducir un discurso en el pasado lejano. – Matizar la transmisión de información.
8. SI CANTASES BOLEROS SERÍAS LUIS MIGUEL	Pág. 76	– Expresar deseos e hipótesis. – Expresar una condición probable e improbable.

Gramática	Léxico	Ortografía y fonética
– *Para* + infinitivo. – *Para que* + presente de subjuntivo. – *Cuando* + presente de subjuntivo. – Conjunciones finales. – Expresiones temporales de futuro.	– Términos relacionados con la solidaridad.	– Acentuación de diptongos y triptongos.
– El imperfecto de intención. – El imperfecto de los sueños. – *Yo que tú / yo en tu lugar* + imperfecto / condicional: algunos usos coincidentes. – Recomendar, aconsejar, sugerir + presente de subjuntivo.	– Hábitos alimenticios. – Dieta sana.	– Acentuación de los hiatos.
– *Ser un* + adjetivo. – *Qué* + adjetivo / sustantivo. – Verbo o expresión de sentimiento + *que* + presente de subjuntivo. – Distintas fórmulas para la expresión de sentimientos.	– Definición coloquial de personas.	– Acentuación de monosílabos.
– *Dejar de, acabar de, seguir sin* + Infinitivo. – Seguir / continuar + gerundio. – *Me parece* + adjetivo / *un(a)* + sust. + *que* + presente de subj. – *¿Sabíais que…? Es verdad / cierto… que* + indicativo.	– Medio ambiente.	– La tilde en las palabras compuestas.
– Indicativo + subjuntivo en oraciones de relativo. – Concordancia con el antecedente. – Preposición + pronombre relativo. – Oraciones de relativo explicativas y especificativas.	– Complementos. – Inventos y descubrimientos.	– La coma (,) y el punto y coma (;).
– El estilo directo e indirecto. – Expresar la causa y la consecuencia. – *Pedir* + *que* + presente de subjuntivo.	– Léxico relacionado con los móviles y ordenadores.	– El estilo directo e indirecto.
– El imperfecto de subjuntivo en el estilo indirecto. – Oraciones subordinadas concesivas.	– Géneros y estilos literarios.	– Consonantes reduplicadas.
– *Me gustaría* + *que* + imperfecto de subjuntivo. – *Si* + imperfecto de subjuntivo + condicional.	– Estilos musicales.	– Repaso de las reglas de ortografía.

1 PARA QUE TE ENTERES

1 Estos dos amigos están hablando de sus planes. Lee el diálogo.

> CUANDO ACABE EL INSTITUTO, ME GUSTARÍA ESTUDIAR MEDICINA PORQUE QUIERO COLABORAR CON MÉDICOS SIN FRONTERAS, UNA ONG QUE TRABAJA PARA QUE LAS PERSONAS EN LOS PAÍSES EN VÍAS DE DESARROLLO O EN GUERRA TENGAN ASISTENCIA MÉDICA. HOY EN DÍA HAY QUE SER SOLIDARIO. Y TÚ, ¿QUÉ QUIERES HACER?

> PUES YO NO SÉ..., LA VERDAD. A MÍ ME ENCANTA LA INFORMÁTICA, ESTAR TODO EL DÍA FRENTE AL ORDENADOR. ME GUSTARÍA IR A LA UNIVERSIDAD, ESO SEGURO.

2 Asocia estas definiciones con una palabra del texto.

1. Persona que se une a la acción de otros:
....
2. Organización No Gubernamental:
....
3. Ayuda sanitaria: ....
4. Países que no han alcanzado un nivel de desarrollo suficiente:
....

Vocabulario

voluntario
campaña
colaborar
pobreza
apoyar
ONG
solidaridad

3 Escucha el diálogo entre Gabriel y Juan.

1. **¿De qué están hablando?**

....

2. **Vuelve a escuchar el diálogo y contesta a estas preguntas:**

   a) ¿Qué actividades harán durante la fiesta?

   ....

   ....

   ....

   b) Además de la fiesta y el concierto, ¿qué otra actividad quieren hacer?

   ☐ Un baile de disfraces   ☐ Proyectar una película   ☐ Una representación teatral

   c) ¿Qué van a hacer con el dinero conseguido?

   ....

   d) Fíjate en las siguientes expresiones. ¿Conoces su significado? Señala las que escuches en el diálogo:

   ¡Qué guay!   ¡Qué asco!

   ¡Qué aburrimiento!

   ¡Qué maravilla!

   ¡Qué rollo!   ¡Qué divertido!

   ¡Qué bueno!

   ¡Qué sorpresa!

   ¡QUÉ PENA!

   ¡Qué bien!

   ¡Qué pena!
   ¡Qué lástima!
   ¡Qué rollo!
   ¡Qué aburrimiento!
   ¡Qué asco!
   ¡Qué bien!
   ¡Qué bueno!

4 **Une las dos partes de las frases, según el diálogo anterior.**

El instituto ha organizado una fiesta para...   los niños vayan al colegio y no estén en la calle.

En la fiesta habrá música para que...   la gente se divierta.

La asociación trabaja para que...   recaudar dinero y entregárselo a una asociación del barrio.

5 **Lee las siguientes frases.**

Se lo he contado para que se entere de la verdad.

Mi madre se sienta conmigo por las tardes para ayudarme a hacer los deberes.

Te llamo para que no se te olvide traerme mañana los apuntes.

Sí, voy a colaborar con vosotros para ayudar a los niños.

Fíjate en las frases anteriores y completa: *para que* va seguido de .... y *para* va acompañado de ....

6 **Lee este fragmento de un folleto.**

> ONG "SOLIDARIOS CON LOS NIÑOS"
>
> LOS NIÑOS TENEMOS DERECHO A:
> - Tener una vivienda digna.
> - Recibir una educación.
> - Comer todos los días.
> - Tener asistencia sanitaria.
>
> Para que todos los niños puedan disfrutar de estos derechos básicos colabora con nuestra asociación con una aportación económica de tan solo 1 euro.

> ¿Sabes?
>
> Para expresar finalidad usamos:
> - *para* + Infinitivo cuando los sujetos son iguales.
> - *para que* + Subjuntivo cuando los sujetos son diferentes.
>
> Ref. pág. 88

Ahora completa la frase.

Colabora con nuestra ONG para que los niños…

1. ....
2. ....
3. ....
4. ....

7 **Escribe para qué haces las siguientes cosas.**

Ej.: *Ir al instituto.* ➡ *Voy al instituto para estudiar.*

Lavarte los dientes antes de acostarte

....

Leer libros

....

Estudiar español

....

Levantarte temprano

....

8 **Lee este diálogo.**

–¿Tú qué quieres hacer **cuando acabes el bachillerato?**

–Bueno, yo quiero ir a la Universidad. No sé todavía lo que quiero estudiar exactamente, pero sé que quiero seguir estudiando. ¿Y tú?

–Yo, cuando acabe, quiero estudiar periodismo y **cuando termine la carrera** me gustaría ser corresponsal en algún país donde se hable español. Pero antes de todo eso, en **cuanto llegue el verano,** lo que quiero es estar unos meses de vacaciones.

–Anda, claro, yo también.

> **¿Sabes?**
>
> *Cuando y en cuanto referidos al futuro se usan con el Presente de Subjuntivo.*
>
> **Ref. pág. 88**

Ahora pregunta a tu compañero qué hará cuando pasen las siguientes cosas. Después responde tú a sus preguntas.

Alumno A

1. Acabar el curso *–¿Qué vas a hacer cuando acabe el curso?*
2. Llegar a casa ....
   ....
3. Salir al recreo ....
   ....

Alumno B

1. *–Me iré de vacaciones.* ....
   ....
2. ....
   ....
3. ....

Alumno B

4. Tener vacaciones ....
   ....
5. Acabar la clase de español ....
   ....
6. Llegar el verano ....
   ....

Alumno A

4. ....
   ....
5. ....
   ....
6. ....
   ....

9 **Asocia una palabra de cada columna y escribe una frase que contenga las dos.**

asistencia	ONG
colaborar	fondos
ayudar	médica
recaudar	voluntariamente

....
....
....
....

FÍJATE BIEN

(2)

🎧 **10** Escucha y agrupa las vocales en dos bloques: abiertas y cerradas.

A   E
I   O   U

Vocales abiertas:

....

Vocales cerradas:

....

> **¿Sabes?**
> Se produce un diptongo cuando se unen en la misma sílaba:
> - una vocal abierta y otra cerrada;
> - una cerrada y otra abierta;
> - dos vocales cerradas diferentes.
> Ejs.: *aula, suave, cuidar.*

11 Lee las siguientes palabras y separa las sílabas de cada una.

estoy	....	bebáis	....
huésped	....	fuente	....
cúidate	....	piénsalo	....
cambiar	....	peine	....
náusea	....	náufrago	....

Escribe todos los diptongos distintos que encuentres.

Ej.: *ia...* ....

> **¿Sabes?**
> - Los diptongos se acentúan según las reglas generales de las agudas, llanas y esdrújulas.
> Ej.: *cantáis, huésped, náufrago.*
> - La *i* y la *u* nunca pueden llevar tilde **con una vocal abierta**, pero sí cuando van juntas: *cuídate.*

(3)

🎧 **12** Ahora clasifica las palabras que escuches y acentúalas o no, según las reglas ortográficas.

Agudas	Llanas	Esdrújulas
....	....	....
....	....	....
....	....	....
....	....	....
....	....	....
....	....	....
....	....	....

13 Localiza las sílabas de tres vocales en el texto.

Cuando estudiéis la lección, quiero que cambiéis de sitio las sillas y las situéis en un rincón de la clase.

¿Qué es un triptongo?

....

(4)

🎧 **14** Escucha y escribe las palabras que oigas.

....

15 Lee el siguiente texto sobre los derechos de los niños.

PARA TENER UN MUNDO MEJOR

Los derechos humanos de los niños están recogidos en un tratado internacional de derechos humanos: la Convención sobre los Derechos de los Niños.

La Convención es el instrumento de derechos humanos más aceptado en toda la historia, ya que todos los países del mundo han aprobado sus disposiciones.

De esta forma, los gobiernos nacionales se han comprometido a asegurar los derechos de la infancia y han aceptado su responsabilidad en el cumplimiento de este compromiso.

La Convención está compuesta por una serie de normas y obligaciones sobre los derechos básicos que deben disfrutar los niños en todas partes sin discriminación alguna.

Algunos de los derechos que recoge la Convención son estos:

- *El niño tendrá derecho a disfrutar de alimentación, vivienda, recreo y servicios médicos adecuados.*

- *El niño tiene derecho a recibir educación, esta será gratuita y obligatoria por lo menos en las etapas elementales.*

- *El niño gozará de una protección especial y dispondrá de oportunidades y servicios para que pueda desarrollarse física, mental, moral, espiritual y socialmente en condiciones de libertad y dignidad.*

Existen muchas organizaciones que luchan para que los derechos humanos se respeten, una de ellas es Ayuda en Acción, una Organización No Gubernamental para el Desarrollo. Su objetivo principal es mejorar las condiciones de vida de los niños, las familias y las comunidades más desfavorecidas, así como combatir la pobreza y ofrecer una mejor calidad de vida.

En España Ayuda en Acción se centra en tres objetivos:

- *Sensibilización sobre la situación y los problemas de los más desfavorecidos, mediante campañas y acciones dirigidas a distintos colectivos sociales.*

- *Divulgación del trabajo de las ONG y en especial del de Ayuda en Acción.*

- *Recaudación de fondos para que se realicen los proyectos de desarrollo.*

16 Contesta las siguientes preguntas sobre el texto.

1. ¿Qué es la Convención sobre los Derechos de los Niños?

....

2. ¿Con qué fin trabaja Ayuda en Acción?

....

....

17 Completa libremente las frases teniendo en cuenta la información del texto.

La Convención sobre los Derechos de los Niños sirve para…

....

....

Las leyes de los diferentes países trabajarán…

....

¿Sabes?

Para expresar finalidad también utilizamos:
- *Con el objetivo de / de que…*
- *Con el fin de / de que…*
- *Con la intención de / de que…*

Ref. pág. 88

AHORA HABLA

18 Después de leer el texto sobre los derechos de los niños, preparad un debate sobre este tema. Reflexionad y comentad las siguientes cuestiones.

a) ¿Qué derechos te parecen más importantes? ¿Por qué?

b) Y en tu entorno, ¿hay alguno de estos derechos que no se respete? ¿Cuál? ¿Por qué?

c) El derecho a la educación es uno de los derechos más importantes de los niños. ¿Por qué?

d) ¿En tu país también actúan las ONG? Conoces el trabajo de alguna de ellas?

Anota las conclusiones o las ideas más importantes del debate.

....
....
....
....
....

19 Dile a tu compañero las cosas que haces normalmente para ser solidario. Después, escríbelas.

Ej.: *–Yo saco al perro por las mañanas para que mi padre no tenga que madrugar tanto.*
–Pues yo ayudo con los deberes a mi hermano con el fin de que pueda jugar.

Con mi familia	Con mis compañeros	Con otras personas

20 En grupos. Pensad en alguna acción solidaria que podríais realizar en el centro donde estudiáis o en el barrio donde vivís.

¿Qué haremos?

¿Para qué lo haremos?

¿Qué necesitamos?

21 Lee el siguiente cuento tradicional.

Había una vez una lecherita que todos los días llevaba la leche de su vaca en un cántaro para venderla en el pueblo más cercano. Un día, mientras caminaba hacia el pueblo, la lecherita iba pensando lo siguiente:

"Tengo una idea: Cuando llegue al pueblo y venda esta leche que llevo en el cántaro, en vez de llevarle a mi padre el dinero, como siempre, haré otra cosa: compraré trescientos huevos. Cuando pase el tiempo, los huevos me darán, al menos, doscientos pollos. Cuando los pollos crezcan, los llevaré al mercado y los venderé. Con el dinero que gane podré comprarme un vestido nuevo y mi padre estará muy contento porque a él le compraré otra vaca. Así tendremos más leche y más dinero cada mes".

1. ¿Para qué quiere la lecherita vender la leche?

....

....

2. Escribe un final para este cuento.

....

....

....

(5)

3. Ahora escucha el verdadero final del cuento. ¿Se parece al tuyo?

....

....

22 Fíjate en estas imágenes y escribe una versión solidaria del cuento *La lechera*.

Había una vez una chica que ....

....

....

....

....

....

UN POCO DE TODO

23 Lee el siguiente "círculo vicioso".

–¿Cuándo irás a España?
–Cuando sepa decir "Hola".
–¿Y cuándo sabrás decir "Hola"?
–Cuando aprenda español.
–¿Y cuándo aprenderás español?
–Cuando vaya a España.

Con tu compañero intenta escribir uno similar.

....
....
....

24 Lee estas expresiones relacionadas con el cuento
La lechera. ¿Qué crees que significan?

1. Mi gozo en un pozo.
....
2. De ilusión también se vive.
....
3. La caridad empieza por uno mismo.
....
4. Hacer castillos en el aire.
....

(6)

25 Escucha la grabación y señala las cosas
que los jóvenes harán mañana.

1...
....
2...
....
3...
....
4...
....

(6)

Vuelve a escuchar la grabación y escribe cuándo harán los jóvenes esas cosas.

1...
....
2...
....
3...
....
4...
....

26 Transforma los verbos para relacionar las dos columnas.

Cuando (acabar) .... la clase	(Ser, él) .... profesor
Cuando (ser) .... mayor	(Irse, yo) .... a casa
En cuanto (salir) .... del cole	(Salir, yo) .... al recreo
Cuando (hacer) .... sol	(Merendar, nosotros) .... en el campo

27 Escribe las palabras o expresiones correspondientes a estas definiciones.

Participar voluntariamente en una actividad: ....

Recibir ayuda sanitaria para tener una buena salud: ....

Persona que trabaja sin remuneración en una ONG: ....

Serie de actividades para un fin solidario: ....

Recoger dinero para financiar una actividad solidaria: ....

28 Completa las frases utilizando las expresiones de finalidad que conoces.

Los profesores enseñan ....

Los médicos trabajan ....

El Gobierno trabaja ....

Las ONG sirven ....

29 Busca el intruso: hay una palabra que no contiene un diptongo, ¿cuál es?

Europa	juicio	viuda	baile	nadie
aire	estudiéis	sitúo		antiguo
cielo	afeitar	vivienda	limpiáis	educación
suéltame	guay		continuó	

¿Cuántos triptongos hay? Escríbelos. ....

2 ME COMÍA UNA VACA

Expresar intención, dar consejos, recomendar. Hábitos de salud. Alimentos. Acentuación de hiatos.

1 Lee este diálogo entre Mario y Pedro.

TENGO TANTA HAMBRE QUE ME **COMÍA** UNA VACA.

Y YO. ¿NOS COMPRAMOS ALGO?

ME ENCANTARÍA, PERO NO QUIERO COMER. NO ME SIENTO EN FORMA.

SOY INCAPAZ DE HACERLO. ¡ME DA UNA PEREZA! POR MÍ NO **IBA** A CLASE HASTA LA HORA DEL RECREO.

ESO TE PASA POR COMER MAL. YO, QUE TÚ, **TOMABA** SOLO COSAS SANAS: VERDURAS, LEGUMBRES, FRUTAS, CEREALES... ¡AH! Y NO **COMERÍA** A DESHORAS. ¿POR QUÉ NO DESAYUNAS BIEN POR LA MAÑANA?

Vocabulario

frutos secos (nueces, almendras)
legumbres (lentejas, garbanzos, judías blancas)
verduras (acelgas, espinacas)
cereales (arroz, trigo)

2 Subraya las palabras del diálogo anterior relacionadas con una dieta sana.

PARA EMPEZAR

(7)

3 Lee estos diálogos y completa con algunas fórmulas de recomendación.

A

—Pedro, estás distraído, ¡no te estás enterando de nada!

—Lo siento, es que tengo un hambre...

—¿No has desayunado?

—No. Me levanto tarde y apenas tengo tiempo de comer nada.

—Pues .... desayunar bien para poder prestar atención en clase.

B

—Ana, otra vez te has vuelto a quedar dormida.

—Es que no ha sonado el despertador...

—Sí que ha sonado, pero lo has apagado y has seguido durmiendo...

—¿Y qué quieres que haga?

—Yo, ..., me .... más temprano.

C

—Mira, Pedro, ahí está Ana. Habla con ella.

—Ya, Mario... Yo .... con ella, pero es que me siento un poco... ya sabes...

—Sí, fuera de forma... Yo, ..., comía menos y hacía un poco de deporte, porque últimamente...

—Sí, no me lo recuerdes, con tantos exámenes..., la verdad es que me he movido poco.

(7)

Ahora, escucha los diálogos y comprueba. ¿Coinciden tus tiempos verbales con los de la audición?

4 Marca verdadero o falso.

VERDADERO   FALSO

1. Pedro come bien cada mañana.
2. La profesora de Pedro cree que debería desayunar más.
3. Mario recomienda a Pedro hacer ejercicio.
4. Ana se levanta enseguida para ir al instituto.
5. Su madre cree que debería dormir más horas.

Te aconsejo que estudies un poco cada día.
Yo, que tú, me pondría/ponía otro despertador.
¿Por qué no haces deporte cada día?
Yo, en tu lugar, me traería/traía un bocadillo.
Deberías ser menos perezosa.
Lo que tienes que hacer es no comer a deshoras.
Estaba a punto de salir cuando sonó el teléfono.

A TRABAJAR

léxico / gramática

(8)

5 Escucha el diálogo y clasifica el imperfecto según su uso. Fíjate en el ¿Sabes?

INTENCIÓN	RECOMENDACIÓN
....	....
....	....

¿Sabes?

Usos del Imperfecto

- De intención (predisposición a realizar una acción):

  Estaba a punto de llamarte cuando llegaron mis tíos.

  Ya salía cuando sonó el teléfono.

- Para dar consejos o recomendaciones:

  Yo, que tú, me tomaba una aspirina.

  En este caso, puede utilizarse también el Condicional Simple:

  Yo, que tú, me tomaría una aspirina.

6 Escribe cuatro consejos para que Ana no llegue tarde al instituto. Utiliza el imperfecto y el condicional.

Ej.: *Yo, que tú, me pondría / ponía más pronto el despertador.*

....

....

....

....

7 Tu compañero te cuenta sus problemas. Dale algunos consejos.

Alumno A
No me concentro lo suficiente en clase.
....
....
....

Alumno B
Yo, que tú, desayunaba / desayunaría bien cada mañana.
....
....
....

8 ¿Qué le dice el médico a Pedro? ¿Y a su madre? Escribe frases utilizando *tú* y *usted*.

Ej.: *No le recomiendo que le ponga a régimen a su hijo porque está creciendo.*

....

....

....

¿Sabes?

aconsejar / recomendar / sugerir que + Subjuntivo:

Te aconsejo que vayas más despacio.

Te recomiendo que te pongas el abrigo.

Le sugiero que cocine a la plancha.

Ref. pág. 86

9 Clasifica estos alimentos en su casilla correspondiente.

pescado blanco	ALIMENTOS RECOMENDADOS	ALIMENTOS NO RECOMENDADOS
productos lácteos	....	....
chicles	....	....
golosinas	....	....
palomitas	....	....
verdura	....	....
agua	....	....
legumbres	....	

10 Escribe dos frases según el modelo.

Ej.: *El médico le recomienda a Pedro que beba mucha agua y le aconseja que no tome refrescos.*

....

....

....

¿Sabes?

Para contar sueños se usa el Imperfecto:
Anoche soñé que era feliz.

11 ¿Qué ha soñado María? Mira el dibujo y escríbelo en el tiempo adecuado.

*Anoche soñé que **era** actriz* ....

....

....

....

Y cuando .... a punto de caer la lámpara, me desperté.

12 Escucha las frases y escribe los verbos que faltan.

1. Ayer, cuando .... la boca para comerme un pastel, sonó el despertador.

2. Antes, cuando me .... una cucharada de lentejas a la boca, un compañero me empujó y se me cayó.

3. Esta mañana, cuando .... a Ana a salir conmigo, llegó su padre.

4. Cuando .... a punto de resolver el problema de matemáticas... se acabó el tiempo.

13 Relaciona las frases con el tipo de imperfecto correspondiente.

1. Me bebía ahora mismo un zumo bien fresquito.
2. Quería un bollo y dos chicles.
3. Estaba pagando y me robaron el dinero.
4. Anoche soñé que era Brad Pitt.

DE CORTESÍA
DE INTENCIÓN
PARA CONTAR SUEÑOS
PARA DESCRIBIR UNA CIRCUNSTANCIA

¿En qué casos podrías utilizar también el condicional? ....

(10)

🎧 **14** Escucha y escribe las palabras que oigas. Después, sepáralas en sílabas.

....	....	....
....	....	....
....	....	....
....	....	....
....	....	....
....	....	....

Ahora, observa la lista anterior y responde.

a) ¿Crees que todas estas palabras siguen las reglas generales de acentuación?..........................

b) ¿Por qué crees que se acentúan *río, María* y *búho?* ....

....

15 Escribe las palabras que te dicta tu profesor.

....

....

....

....

Ahora, clasifica las palabras en la tabla.

Agudas	Llanas	Esdrújulas

¿Sabes?

El **hiato** lo forman dos vocales que se pronuncian en sílabas distintas. Sigue las reglas generales de acentuación: *león, caen, héroe.*

Excepción: la unión de vocal débil + vocal fuerte (o viceversa) lleva siempre tilde sobre la vocal débil para deshacer el diptongo. Ejs.:*reír, evalúa, caída.*

(11)

🎧 **16** Escucha estas palabras y clasifícalas en la tabla.

DIPTONGO		HIATO	
con tilde	sin tilde	con tilde	sin tilde
....	....	....	....
....	....	....	....
....	....	....	....
....	....	....	....
....	....	....	....

17 Lee esta entrevista a un experto en nutrición y subraya las palabras relacionadas con la alimentación.

PREGUNTA: **Dr. González, ¿cree usted que los jóvenes españoles siguen unos hábitos alimenticios sanos y equilibrados?**

RESPUESTA: **En general sí. Y eso es debido a nuestra saludable dieta mediterránea, pero últimamente están aumentando los problemas de nutrición: algunos comen demasiado y mal, y otros no comen lo suficiente. Esto conlleva patologías tales como la obesidad, la anorexia, que son causa de graves problemas. Además, se está produciendo un cambio de hábitos en la alimentación de nuestros jóvenes; cada vez toman más grasas saturadas, bollería con ingredientes que favorecen el colesterol, bedidas con gas… y dejan de tomar pan, fruta, alimentos ricos en proteínas, hidratos de carbono…**

P: **¿Cuál es la solución al problema? ¿Hay que dejar de tomar pizzas y hamburguesas?**

R: **No…, eso no…, pero tienen que hacerlo con moderación. No deberían abusar de los dulces y de la comida rápida. Además, los jóvenes deberían hacer ejercicio a diario y llevar una vida más activa. Algunos pasan muchas horas delante del televisor y jugando con el ordenador. Yo les recomiendo que coman bien, nunca a deshoras y les sugiero que tomen mucha agua.**

P: **Entonces… ¿qué alimentos serían la base de una buena alimentación?**

R: **En la etapa de crecimiento es indispensable el consumo de frutas, verduras, cereales, pasta, arroz, carne, pescado, huevos, queso, legumbres… ¡Más pan y menos bollos! Y para beber, básicamente agua. Además hay una cosa importante; hoy en día los chicos no dedican el tiempo suficiente al desayuno, y esta es la comida más importante del día: no hay que olvidar que en ese momento empieza su jornada de estudio, y tienen que comenzarla con la energía suficiente.**

P: **Gracias por sus consejos, doctor.**

18 Marca verdadero o falso.

	VERDADERO	FALSO
1. El médico recomienda no tomar nunca hamburguesas.	☐	☐
2. Algunos jóvenes españoles tienen problemas de peso.	☐	☐
3. No hay que comer demasiados bollos.	☐	☐
4. Actualmente los chicos desayunan mucho y bien.	☐	☐
5. La anorexia está relacionada con una alimentación malsana.	☐	☐
6. El agua hay que tomarla de forma dosificada.	☐	☐

19 Mira los dibujos y di qué alimentos, según el doctor, hay que tomar...

CON MODERACIÓN	CON FRECUENCIA
....	....
....	....
....	....
....	....

Ej.: *Nos recomienda beber agua con frecuencia y nos sugiere no abusar de los bollos.*

20 Después de leer el texto sobre nutrición, debatid acerca de estas cuestiones.

¿Crees que los jóvenes de tu país se alimentan bien?

¿Qué opinas del consumo masivo de la comida rápida: hamburguesas, pizzas...?

¿Conoces casos de obesidad y anorexia? ¿Cuál crees que es su origen?

¿Qué sabes de la dieta mediterránea?

(12)

21 Escucha estas recetas. ¿Puedes decir tres ingredientes de cada una de ellas? Di cuál te gustaría probar y por qué.

22 Elegid una de estas situaciones para dar recomendaciones a vuestro compañero.

➡ Se ha enfadado con un compañero de clase y está disgustado por ello.

➡ Desea irse de vacaciones con sus amigos, pero anda retrasado en los estudios.

➡ Está obsesionado con su peso. Por eso, come poco y mal.

➡ Le duelen las muelas.

Ej.: *Yo, en tu lugar,* ....

23 En parejas, elaborad un cuestionario para conocer los hábitos de vuestro compañero.

alumno A

1. ¿Cuántas raciones de fruta comes al día?

2. ....

3. ....

4. ....

alumno B

1. ¿Sueles tomar...?

2. ....

3. ....

4. ....

24 Ahora, escribe algunas recomendaciones teniendo en cuenta las respuestas de tu compañero.

Te sugiero que ...

✔ *Te sugiero que tomes más fruta.*

✔ ....

✔ ....

✔ ....

25 Relaciona estas fotografías con la clase de alimentos a la que pertenecen.

a) legumbres   b) pasta   c) frutas   d) cereales

26 Completa estas frases. Recuerda los usos del imperfecto.

1. .... a estudiar, pero en ese momento ....

2. Cuando .... me llamó la profesora.

3. Yo, ..., ... más despacio.

4. Tengo tanta sed que me .... tres litros de agua.

UN POCO DE TODO

27 Resuelve el crucigrama y descubre las palabras clave.

1
2
3
4
5
6
7
8
9

1. Pan con algo dentro.
2. Es dulce y se mastica.
3. Se toman en el desayuno.
4. Plato típico español.
5. Los espaguetis, por ejemplo.
6. Bebida de frutas, plural.
7. Otro plato típico a base de arroz.
8. Base de un bocadillo.
9. Bebida sana y natural.

28 Relaciona cada refrán con su significado. ¿Hay alguno parecido en tu lengua?

✔ El que se pica, ajos come. ☐

✔ A buen hambre, no hay pan duro. ☐

✔ Las cosas claras y el chocolate espeso. ☐

✔ Uvas y queso, saben a beso. ☐

1. Cuando se tiene hambre de verdad se come de todo.
2. Esa combinación de alimentos es muy rica.
3. El que se molesta por algo que no debe, tiene motivos.
4. Hay que decir las cosas con claridad.

29 Escribe frases con cuatro formas diferentes de recomendaciones.

Ej. *Yo, que tú, tomaría más leche.*

1. ....

2. ....

3. ....

4. ....

30 Completa las frases e identifica el uso del imperfecto en cada una de ellas.

1. (En la frutería) ¿Qué quería? Pues ....

2. Anoche soñé que ....

3. Yo, que tú, ...

4. ...., sonó el teléfono ....

31 Completa cada grupo con tres palabras.

1. Platos típicos españoles: ...., ..., ...

2. Para desayunar: ...., ..., ...

3. Hortalizas: ...., ..., ...

4. Bebidas: ...., ..., ...

32 Escucha estas palabras y acentúa si es necesario. Después, sepáralas en sílabas.

camaleon .... caerse .... rehogar ....

crear .... truhan .... caotico ....

creia .... caloria .... pelear ....

Mahon .... moria .... meon ....

33 Completa estas frases.

1. Nos recomiendan que ....

2. Le aconsejo que ....

3. Te recomiendo que ....

4. Os sugiero que ....

5. Me aconsejan que ....

3 QUE LO PASES BIEN

Expresar sentimientos, estados, relaciones personales. Definición coloquial de personas. La acentuación de monosílabos.

1 Lee esta viñeta y complétala con la palabra correspondiente del vocabulario.

2 ¿Qué palabras del vocabulario tienen más de un significado?

....

Vocabulario

pesado
tacaño
rata
creído
cotilla
pelota
empollón
aguafiestas
bocazas

4)

3 **Escucha y completa estos diálogos.**

Pedro: ¿Qué te pasa?

Pablo: Lo estoy pasando fatal. Nadie me ...., a nadie le importo. Dicen que soy un ....……….. y que siempre estoy ....……..... al jefe… Me molesta que .... siempre ....

Pedro: No te preocupes, hombre.

Pablo: Claro que me preocupo; estoy .... de que todo me ....

María: ¡Qué .... es Antonio! No para de hablar y además .... muy listo.

Marta: Pues a mí me parece un tipo encantador. .... muy bien con él; me cae ....

María: ¿Y qué me dices de su novia? Es una ...., se cree la más guapa del mundo.

Marta: Anda, María, no seas tan .... Además, eres una .... porque la novia de Antonio está justo detrás de ti.

María: Siempre estoy .... la pata.

5)

4 **Escucha a las siguientes personas. Después escribe lo que le deseas a cada una.**

Paco: ....   Paula: ....

Javier: ....   Laura: ....

Me cae bien / mal.
Hacer la pelota.
Meterse con alguien.
Llevarse bien / mal con alguien.
Nadie me hace caso.
Pasarlo mal / fatal.
A nadie le importo.
Que lo pases bien.
Que te mejores.
Que te diviertas.
Que descanses.
Que tengas suerte.

A TRABAJAR

5 Completa las frases con las palabras del recuadro.

rata / aguafiestas / harto / creída / cae / me hace caso / se cree

1. A Pepe nunca le apetece hacer nada de lo que proponemos. Es un ....

2. ¡Qué .... es María! Piensa que es la mejor en todo.

3. Estoy .... Nadie me escucha, nadie ....

4. No me gusta esa persona, no me .... bien.

5. Juan es muy orgulloso: .... el más inteligente del mundo.

6. Siempre está pensando en el dinero. Es muy ....

6 Clasifica estas expresiones en el sentimiento correspondiente.

¿De verdad? Me da igual.

¡Es repugnante!

¡Qué horror!

¡Qué lástima!

No me importa.

¡Qué mala suerte!

¿Sí? ¡Qué rollo!

¡Qué me dices!

¡Qué pena!

Asco	Pena	Sorpresa
....	....	....
....	....	....
....	....	....

Enfado	Indiferencia
....	....
....	....
....	....

7 Fíjate en el *¿Sabes?* y completa las frases.

1. Me preocupa .... *(Pepe, estar solo).*

2. Te da pena .... *(Pablo, no aprobar).*

3. Nos da vergüenza .... *(nosotros, hablar con él).*

4. A Juan le da asco .... *(Juan, comer carne).*

5. Te molesta .... *(yo, no sonreír).*

¿Sabes?

Verbos o expresión de sentimiento
• mismo sujeto →
Infinitivo:
Estoy harto de trabajar aquí.
• distinto sujeto →
que + Subjuntivo:
Estoy harto de que me griten.

¿Sabes?

dar pena / lástima / asco / vergüenza / igual / risa

A Luis le da vergüenza que su novia le bese en público.
¿Vino tinto o blanco? A nosotros nos da igual. Elígelo tú.

Ref. pág. 89

Ref. pág. 89

8 Escribe junto a cada situación la expresión correspondiente del recuadro.

> ¡Enhorabuena! / ¡Felicidades! / ¡Que tengas suerte! /
> Lo siento mucho. / ¡Que seáis felices! / ¡Que te mejores!

1. En un cumpleaños: ....

2. En un funeral: ....

3. En una boda: ....

4. Tu amiga tiene un hijo: ....

5. Un amigo está enfermo: ....
....

6. Tu compañero va a hacer un examen:
....

Ref. pág. 97

9 Observa los dibujos y completa las frases.

Pepe y Juan .... bien.

Me da .... ver a mi gato enfermo.

A Carlos no le .... bien Luisa. / A Carlos le .... Luisa.

Ellos no .... hacen ....

10 Completa las frases.

1. ¡Qué tacaño es Juan! Siempre está pensando en el ....

2. ¡Qué .... me ....! Es repugnante.

3. ¡...................................... es Jorge! Siempre está estudiando en la biblioteca.

4. ¡Qué .... es Juan! Siempre tiene que estar hablando de los demás.

5. Luisa lo está pasando mal. ¡Qué ....!

11 Completa la siguiente frase con tres expresiones.

¡.. que venga conmigo!

Ahora cuenta a la clase un posible contexto para cada una de las tres expresiones. Sigue el ejemplo.

Ej.: *¡Qué bien que venga conmigo! Me cae muy bien.*

FÍJATE BIEN

ortografía / fonética: la acentuación de monosílabos

12 Lee estas frases. Después, lee el *¿Sabes?*

> **Tu** amiga viene a mi fiesta, ¿y **tú**?

> –¿**Te** apetece tomar un **té**?
> –**Si** tienes un poco de limón, **sí**.

> –Muchas gracias, **de** verdad.
> –No me **dé** las gracias, ha sido un placer.

¿Sabes?

Los monosílabos **no se acentúan.**

Excepción:
Solo se acentúan algunos para diferenciar palabras de distinto significado.
Ej.: *te* (pronombre) / *té* (sustantivo: bebida).

13 Completa las frases con las palabras del recuadro.

tu / tú   él / el   te / té   mí / mi   que / qué   de / dé   si / sí   sé / se

1. .... día 1 es fiesta. .... lo sabe.

2. .... amiga trabaja allí. ¿Y ....?

3. Este regalo es para .... compañera y este es para ....

4. –¿........ gusta el ......?

   –........ le pongo mucha azúcar, ... me gusta.

5. Me encanta que a María le .... igual tu opinión.

6. ¿Por qué .... ha enfadado? No lo ....

7. .... repente .... vecino ...... preocupa por ......

8. ¡........ bien! El libro .... me dejaste es ideal para preparar el examen ...... tengo el mes .... viene.

¿Sabes?

Los demostrativos solamente llevan tilde cuando hay riesgo de ambigüedad.
Esto, eso y *aquello* nunca llevan tilde.

¿Sabes?

Solo (adjetivo) / *solo* (adverbio = solamente).
El adverbio lleva tilde únicamente en caso de ambigüedad.

(16)

14 Escucha y escribe las frases.

1. ....

2. ....

3. ....

4. ....

15 Relaciona cada frase con su significado.

Hoy ha venido sólo el estudiante.

Hoy ha venido solo el estudiante.

Estoy solo en clase.

Solo van a venir los estudiantes.

No va a venir nadie más que ellos.

No hay nadie más en clase.

El estudiante ha venido sin compañía.

Solamente ha venido el estudiante.

16 **El sentido del humor es fundamental. Lee el siguiente texto.**

REÍR POR NO LLORAR

¿Qué mejor forma hay de pasárselo bien que riendo? Los seres humanos nos reímos desde antes de los cuatro meses, pero ¿por qué? ¿Qué es lo que provoca nuestras carcajadas? ¿Nos dan risa las mismas cosas? Se puede decir que el humor es un rasgo solo humano porque está relacionado con el lenguaje y la ironía, pero eso es algo que realmente nunca sabremos. ¿Podemos afirmar que los animales no se ríen? Lo que está claro es que el sentido del humor está presente en todas las culturas.

Desde la Antigüedad los filósofos y pensadores han estudiado el fenómeno de la risa y, en ocasiones, se ha recomendado moderar los gestos y las carcajadas por considerarse más propios de la gente vulgar que de la gente educada. Hay temas universales que suelen provocar la risa: un malentendido, una caída tonta, etc. En cada país se inventan chistes con personajes inocentes, astutos o perversos. En España, son muy famosos los chistes sobre Jaimito: un niño a veces despistado, a veces ingenioso.

Lo cierto es que una buena carcajada tiene efectos muy beneficiosos: relaja los nervios, ensancha los pulmones y activa la circulación, disminuye el estrés, ayuda a superar los problemas y favorece la curación de los enfermos (en algunos hospitales existe una técnica llamada risoterapia). No hay duda: hay que reírse, porque la risa alarga la vida y nos hace sentirnos mejor. Y ante los problemas uno debe decir: "Me río por no llorar".

Tomarse la vida con humor es uno de los mejores síntomas de salud mental.

17 **Marca verdadero o falso.**

	VERDADERO	FALSO
Sin duda, los animales no se ríen.	☐	☐
Desde la Antigüedad, la risa ha pasado desapercibida.	☐	☐
A veces, reírse se consideraba de mala educación.	☐	☐
Hay temas universales que provocan risa.	☐	☐
La risa es muy buena para la salud.	☐	☐

AHORA HABLA
expresión oral

18 Debate. Comentad en grupo vuestra opinión y luego exponedla delante de toda la clase.

¿Sabes?

Yo creo que...
A mí me parece...
En mi opinión...
En primer lugar...,
en segundo lugar...,
por último...
Yo (no) estoy de acuerdo con...

Ref. pág. 90

- Reírse a carcajadas es de mala educación.
- Los animales no tienen sentido del humor.
- Las mujeres lloran más que los hombres porque son más débiles.
- Los hombres no deben llorar; eso es cosa de mujeres.
- Nunca se debe llorar en público: es algo muy privado.

19 Pensad en situaciones que pueden resultar graciosas. Después, exponedlas a la clase.

¿Sabes?

Me da risa...
Me hace gracia...
Me río mucho con...

20 Definid oralmente las siguientes palabras y expresiones. Cada grupo dirá de qué se trata.

cotilla   bocazas   tacaño   llevarse bien   caer mal   hacer la pelota   creído   aguafiestas

Ahora, decid una frase con cada una.

21 Expresa sentimientos ante estas situaciones. Sigue el ejemplo.

Ej.: *Tu mejor amigo está enfermo. ¡Qué pena! / Me preocupa que esté enfermo.*

1. Me llaman empollón.
2. Hay un incendio.
3. Te enfadas con un amigo.
4. Un accidente de tráfico.

¿Sabes?

Para expresar un deseo para el futuro:
Ojalá (que) + **Presente de Subjuntivo**
¡Ojalá apruebe el examen! (Va a pasar un examen y yo deseo que lo apruebe.)

22 Escribe un texto utilizando algunas de las siguientes palabras y expresiones.

rata

llevarse mal con

no soportar

pasarlo bien

¡Que lo pases bien!

¡Qué asco!

hacer la pelota

hacer caso

caer bien

empollón

....

....

....

....

....

....

....

23 Ahora mira esta foto y, con tu compañero, escribe de qué pueden estar hartas y contentas esas personas y de qué debéis estar contentos y hartos vosotros.

Están hartos
de (que)...

....

....

....

....

Están contentos
de (que)...

....

....

....

....

Estamos contentos
de (que)...

....

....

....

....

Estamos hartos
de (que)...

....

....

....

....

24 Lee esta poesía. Escribe tú una parecida utilizando *ojalá (que)* + presente de subjuntivo.

Ojalá que la pobreza

desaparezca del mundo,

y luchando todos juntos

terminen todas las guerras.

....

....

....

....

UN POCO DE TODO

25 Ahora vais a practicar los verbos y las fórmulas y expresiones de sentimiento con este juego. Gana el que consiga llegar antes a la meta.

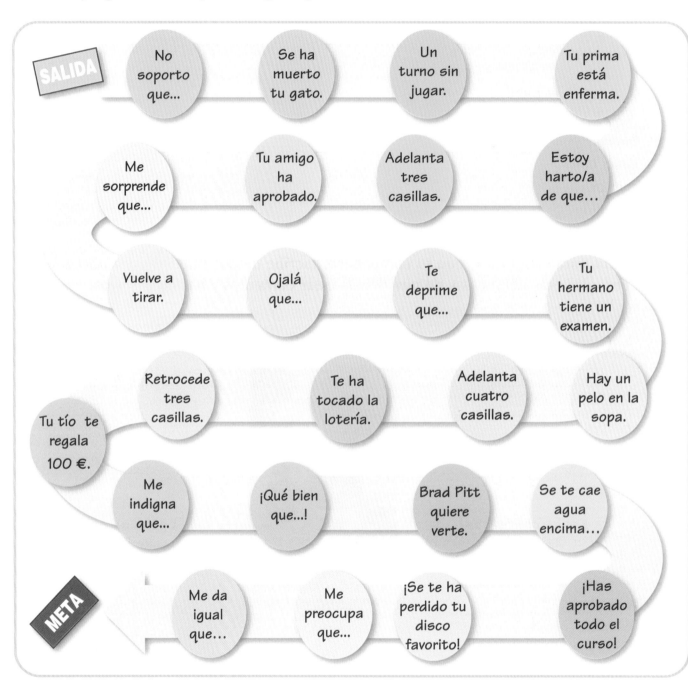

SALIDA

No soporto que...

Se ha muerto tu gato.

Un turno sin jugar.

Tu prima está enferma.

Me sorprende que...

Tu amigo ha aprobado.

Adelanta tres casillas.

Estoy harto/a de que...

Vuelve a tirar.

Ojalá que...

Te deprime que...

Tu hermano tiene un examen.

Retrocede tres casillas.

Te ha tocado la lotería.

Adelanta cuatro casillas.

Hay un pelo en la sopa.

Tu tío te regala 100 €.

Me indigna que...

¡Qué bien que...!

Brad Pitt quiere verte.

Se te cae agua encima...

META

Me da igual que...

Me preocupa que...

¡Se te ha perdido tu disco favorito!

¡Has aprobado todo el curso!

26 Relaciona ambas columnas.

Me importa un pimiento.

Me parto de risa.

Me parece un rollo.

Estoy hasta las narices.

Estoy harto.

No me importa nada.

Me muero de risa.

Me aburre muchísimo.

27 Completa las siguientes frases.

1. Como siempre estoy hablando con el profesor, me dicen que le .... la................

2. Estoy harto de que ....

3. Mi madre .... muy bien con los vecinos.

4. ¿Te molesta que ....?

5. A ellos les da igual ....

6. ¡Qué lástima que ....!

7. ¡Qué .... me da que me miren! Es que soy muy tímida.

8. Tu amigo siempre se .... conmigo; creo que no le .... bien.

9. ¡Ojalá ....!

28 Completa con las palabras adecuadas. Escríbelas en masculino y femenino.

Ej.: *Siempre está estudiando: es un empollón / una empollona.*

1. Habla cuando no debe; es ....

2. Siempre está hablando con el profesor; es ....

3. Estropea todos los buenos momentos; es ....

4. Nunca invita a nada; es ....

5. Le gusta saberlo todo y hablar de la gente; es ....

6. Se piensa que es muy guapo/a; es ....

29 Escribe situaciones en las que dirías estas expresiones.

Lo siento mucho: ....

¡Que tengas suerte!: ....

¡Que te vaya bien!: ....

¡Que te mejores!: ....

¡Que lo paséis bien!: ....

(7)

30 Escucha y completa las frases.

1. Estoy ....

2. ...., claro que me gusta.

3. .... no me conoce a ......

4. ¿Cómo .... gusta el ....?

5. ¡........ me dices! .... es imposible.

6. .... bebo café, es lo único que me gusta.

4 ME PARECE INCREÍBLE

Valorar una información en presente y en pasado. Comprobar información. Negar una opinión.
Fases de la acción. Medio ambiente. La tilde en las palabras compuestas.

1 Lee esta viñeta.

2 Relaciona ambas columnas.

desertización	reciclar
reciclaje	basura
deforestación	desierto
ecología	bosques
vertedero	medio ambiente

¿Qué significa el prefijo *bio*? Escribe otras palabras con este prefijo.

....

Vocabulario

medio ambiente
biodiversidad
desertización
reciclaje
deforestación
contaminación
ecología
vertedero
atmósfera

3 Escucha la siguiente información sobre la cumbre de la Tierra y escribe las palabras que oigas relacionadas con el medio ambiente.

....

....

4 Escucha de nuevo y marca verdadero o falso.

	VERDADERO	FALSO
1. La cumbre ha dejado una impresión pesimista.	☐	☐
2. La Tierra se calienta por la lluvia ácida.	☐	☐
3. Se van a iniciar acciones concretas para evitar el deterioro del planeta.	☐	☐
4. Parece ser que los recursos naturales ya no se están agotando.	☐	☐
5. En la cumbre se han firmado acuerdos para promover las energías renovables.	☐	☐
6. No hay un compromiso para proporcionar agua potable a muchas personas.	☐	☐

Efecto invernadero.
Lluvia ácida.
Desarrollo sostenible.
Recursos naturales.
Energías renovables.
Calentamiento de la Tierra.
Marea negra.
Capa de ozono.

A TRABAJAR

(19)

5 Escucha el diálogo y ordénalo. Después, lee el ¿Sabes?

—No, no lo sabía. ☐

—Yo sabía que morían muchos niños, pero no pensaba que eran tantos. ☐

—¿Sabíais que hay seis millones de niños que mueren por falta de alimentos cada año? ☐

—Ni yo... No tenía ni idea. ☐

¿Sabes?

Para comprobar si se conoce una información:
¿Sabías / Sabíais que...?

Para responder si se tiene o no esta información:
Yo ya lo sabía.
(No), no lo sabía. No tenía ni idea.
Yo creía / pensaba que...

Ref. pág. 89

6 Pregunta a tu compañero si conoce estas informaciones. Él te responderá.

a) Estados Unidos emite un alto porcentaje de gases contaminantes.

b) Canadá y Rusia acaban de firmar el protocolo de Kioto.

c) Al año mueren seis millones de niños por falta de alimentos.

d) La selva del Amazonas es el pulmón del planeta.

7 Fíjate en el ¿Sabes? y escribe tu valoración sobre las informaciones anteriores.

a) ....

b) ....

c) ....

d) ....

¿Sabes?

Para valorar una información en presente:
Es / Me parece + adjetivo / + un(a) + sustantivo + que + Presente de Subjuntivo.

Es una pena que mueran niños por falta de comida. / Me parece increíble que haya tanta injusticia.

Ref. pág. 90

8 Valora los siguientes hechos utilizando algunas de las expresiones del recuadro.

Ej.: *Ha habido un terremoto. Es una pena que haya*

| maravilloso / una vergüenza / una pena / una lástima / qué genial / una injusticia |

1. Han tirado basura en el parque. ....
....

2. Mis vecinas nunca han reciclado la basura. ....
....

3. Han prohibido la caza de ballenas. ....
....

¿Sabes?

Para valorar una información en pasado se utiliza el Pretérito Perfecto de Subjuntivo (Presente de Subjuntivo del verbo *haber* + participio).
¡Qué horror que **hayan bombardeado** esa ciudad!

Ref. pág. 94

9 **Lee estas informaciones y valóralas según el modelo.**

El lobo está en peligro de extinción en España.
Es verdad que el lobo está en peligro de extinción en España.

1. Las vacas son sagradas en Pakistán. ....………....…….…

....

2. La religión islámica prohíbe comer carne de cerdo.

....

....

3. Las serpientes son unas buenas mascotas. .…...…....……

....

4. El veneno de las abejas cura algunas enfermedades. ……

....

> *¿Sabes?*
>
> *Es verdad / evidente / cierto / obvio + que + Indicativo*
> *Con la negación siempre van con subjuntivo.*
> *Es verdad que viene Pedro.*
> *No es verdad que venga Pedro.*
>
> Ref. pág. 90

Ahora, debate con tus compañeros sobre las informaciones anteriores.

Ej.: *Yo creo que es mejor mascota un loro.*
  Pues yo no creo que sea un loro la mejor mascota.

10 **Lee y completa las frases con la palabra o la forma verbal adecuadas.**

1. –¿…………….… que hay un enorme agujero en la ……………… de ozono?

  –No, no teníamos ………………

2. Es importante que los gobiernos ……………… *(incentivar)* el ……………… de la basura.

3. No es cierto que ………………………… *(no reciclar, yo)* la …………………………

4. ¡Qué bien que el gobierno …………………… *(votar)* esta mañana en contra

  de la ……………… de focas.

(20)

Ahora, escucha y comprueba.

11 **Lee el *¿Sabes?* y escribe frases siguiendo el ejemplo.**

Ej.: *Leer un libro sobre ecología.* → *Acabo de leer un libro sobre ecología.*

1. Llegar a un acuerdo para ayudar al Tercer

  Mundo ....

  ....

2. Cazar ballenas ilegalmente ....

  ....

3. Destruir la selva amazónica ....

  ....

> *¿Sabes?*
>
> **Fases de una acción**
> *estar a punto de (acción próxima a empezar);*
> *dejar de (interrupción de un proceso);*
> *volver a (repetición o reinicio de la acción) + Infinitivo;*
> *acabar de (acción recién terminada);*
> *seguir / continuar (continuación de una acción ya empezada) + Gerundio;*
> *seguir sin (continuación de una acción en negativo) + Infinitivo.*
>
> Ref. pág. 89

12 Dicta a tu compañero el texto que te corresponda; luego escribe en tu cuaderno el que te dicta él.

Alumno A

El ministro de Medio Ambiente ha prohibido la instalación de nuevos pararrayos radiactivos.

Últimamente se ha descubierto que existe una relación causa-efecto entre los pararrayos y algunos casos de cáncer. Únicamente seguirán manteniéndose los que ya existen hasta la fecha que marca el decreto-ley.

Alumno B

Es mucho más ecológico utilizar electrodomésticos (lavaplatos, microondas, lavadoras) de bajo consumo de agua y de ahorro de energía.

Cuando vayas a comprar un pequeño electrodoméstico y, más concretamente, un exprimelimones o un abrelatas, es mejor que te decidas por uno manual: es más barato que el eléctrico y no consume energía.

Ahora, lee el ¿Sabes? y corrige el texto de tu compañero.

¿Sabes?

La acentuación de las palabras compuestas

1. **Sin guión,** funcionan como una palabra simple y siguen las reglas generales: *decimoséptimo, vaivén, lavaplatos.*
2. **Con guión,** funcionan como dos palabras separadas según las reglas generales: *papel-cartón, hispano-marroquí,* (plan) *hidrológico-forestal.*
3. Los **compuestos de verbo más pronombre** siguen las reglas generales: *mírame* (mira + me), *reuniéndose* (reuniendo + se), *recíclalo* (recicla + lo).
4. Los **adverbios terminados en -mente** conservan la acentuación del adjetivo: *felizmente, estupendamente, solamente, rápidamente, últimamente.*

13 Elige tres palabras compuestas y explica por qué se acentúan o no.

1. Sin guión: lavaplatos *(lava + platos), no lleva tilde porque es llana terminada en -s* ....

....

....

2. Con guión: ....

....

3. Compuestos de verbo más pronombre: ....

....

14 Acentúa correctamente este texto.

Noticias de la ONG Animales y Plantas Unidos (APU):

Hoy a mediodia, un humano maleducado montado en un todoterreno ha entrado en un camino forestal y ha atropellado a una familia formada por dieciseis ciempies. Aunque uno de ellos todavia respira debilmente, hay que estar de enhorabuena porque, felizmente, el impacto medioambiental ha sido mínimo. Continuaremos informandoles de lo ocurrido.

15 En el resumen de los compromisos de la cumbre de la Tierra se han introducido por error tres informaciones falsas. Lee el texto y descúbrelas.

LA CUMBRE DE LA TIERRA

El plan de acción recoge, entre otros, los siguientes compromisos:

- *Incremento de las energías renovables:* no se ha llegado al acuerdo de alcanzar el 15% en el 2015, como pretendían la UE y varios países latinoamericanos, por la oposición de las industrias petroleras y de algunos países poderosos.
- *Productos químicos:* minimizar para el 2025 el impacto de los productos tóxicos en la salud o en el medio ambiente.
- *Biodiversidad:* acuerdo para que en el 2010 se haya reducido la pérdida paulatina de diversidad biológica y acuerdo de cooperación con la ONG Animales y Plantas Unidos (APU).
- *Recursos naturales:* estrategias para reducir la degradación. No se ha establecido un calendario ni se han concretado los detalles.
- *Agua y saneamiento:* reducir a la mitad, en el 2015, los 1.100 millones de personas que no tienen agua potable y los 2.400 millones que no disfrutan de infraestructura sanitaria.
- *Cambio climático:* llamamiento para que todos los países firmen el protocolo de Kioto y para que todos los seres humanos compren cremas bronceadoras y gafas de sol.

- *Producción y consumo:* diez años de plazo para apoyar programas de mejora de la producción y el consumo.
- *Pesca:* para el 2015, recuperación de las reservas pesqueras, creación de áreas marinas protegidas y construcción de ciudades en el fondo del mar.
- *Salud:* mejorar el acceso a los servicios sanitarios y reducir la mortalidad donde sea posible.
- *Fondo social:* creación de un fondo social.
- *Gobierno:* promover la democracia y las libertades. Condicionar las ayudas económicas a la democratización y a la lucha contra la corrupción.

Declaración política:

- *Avanzar hacia el desarrollo sostenible.*
- *Compromiso para erradicar la pobreza y para disminuir las diferencias entre ricos y pobres.*

....

....

....

Comprueba con tus compañeros los errores del texto.

16 Marca verdadero o falso.

VERDADERO   FALSO

1. Las industrias del petróleo quieren que, en 2015, el 15% de las energías sean renovables. ☐ ☐

2. Hay que reducir a la mitad los 2.400 millones de personas que no tienen agua potable. ☐ ☐

3. Se pretende reducir los efectos de los productos químicos tóxicos en el año 2025. ☐ ☐

4. Se conseguirá que todos los países sean democráticos. ☐ ☐

AHORA HABLA
expresión oral

17 Discutid los acuerdos alcanzados en la cumbre de la Tierra. Seleccionad y valorad los aspectos más positivos y los más negativos.

Ej.: *No se ha llegado a un acuerdo sobre energías renovables* ⇒
Es negativo que no se haya llegado a un acuerdo sobre energías renovables.

POSITIVO	NEGATIVO

18 Vais a celebrar en clase vuestra propia cumbre de la Tierra. Para empezar, numera del 1 al 8 (de mayor a menor peligro medioambiental) estos fenómenos.

☐ Desaparición de los bosques y de la selva tropical.

☐ Vertidos tóxicos en los ríos y en el mar.

☐ Desaparición de especies de animales y plantas.

☐ Emisiones de gases contaminantes.

☐ Calentamiento del planeta.

☐ Escapes radiactivos.

☐ Lluvia ácida.

☐ Desertización.

1. **En grupos de cuatro, poneos de acuerdo en cuáles son los dos problemas más urgentes y los dos menos urgentes.**

Ej.: *–Yo creo que el mayor peligro es…*
–Yo no creo que sea ese. En mi opinión…

2. **Ahora, entre todos, decidid cuáles son los tres problemas más urgentes.**

19 Pensad en las mejores soluciones para esos problemas. Aquí tenéis algunas ideas.

Ej.: *Para proteger la capa de ozono es necesario que se prohíban los aerosoles.*

✔ Plantar más árboles.

✔ Crear zonas de protección global.

✔ Prohibir los aerosoles.

✔ Crear leyes más duras.

✔ Poner multas.

✔ No usar tanto el coche.

Ahora discutid qué podríais hacer vosotros para mejorar el medio ambiente. Presentad vuestras conclusiones a la clase y debatidlo entre todos.

20 El juego del Tabú. En grupos de cuatro, tenéis que describir los términos o expresiones siguientes sin nombrar las palabras prohibidas hasta que los demás las adivinen. Sigue las instrucciones de tu profesor.

BIODIVERSIDAD	RECICLADO DE BASURA	EFECTO INVERNADERO
LLUVIA ÁCIDA	CONTAMINACIÓN	DESARROLLO SOSTENIBLE
DESERTIZACIÓN	ESCAPES RADIACTIVOS	EXTINCIÓN DE ANIMALES
AGUA POTABLE	VERTIDOS TÓXICOS	CAPA DE OZONO

21 La Tierra está enferma… Completa la serie con los males que tiene y valóralos.

-¿Qué le pasa a la Tierra?
✔ Está enferma…
✔ Se está calentando…
✔ Ha perdido muchos bosques…
✔ ....
✔ ....
✔ ....

-¡Es una pena que…!
→ Esté tan enferma
→ ....
→ ....
....
→ ....
→ ....

22 Piensa y di frases sencillas (dos en pasado, dos en presente y una en futuro) sobre los temas que te proponemos. Tu compañero te va a llevar la contraria. Luego, cambiad los papeles.

Ej.: (alumno A) *–El petróleo se terminará pronto.*
(alumno B) *–Yo no creo que se termine pronto.*

Alumno A	Alumno B
Desaparición de especies animales.	Energía eólica.
Desertización.	Lluvia ácida.
Subida del nivel del mar.	Aumento de la temperatura del planeta.
Destrucción de la capa de ozono.	Reciclado de basuras.
Vertidos tóxicos.	Contaminación del agua.

UN POCO DE TODO

a jugar

23 ¿Eres una persona comprometida con el medio ambiente? Haz este test y comprueba los resultados.

1. Cuando te lavas los dientes...
   a. Cierras el grifo mientras te cepillas y no lo abres hasta que has terminado.
   b. Dejas el grifo abierto cayendo agua a chorros.
   c. ¿Hay que lavarse los dientes? No lo sabía.

2. Se te acaban de terminar las pilas de la radio...
   a. Tiras las viejas en un punto limpio de reciclado.
   b. Las tiras en la basura normal.
   c. Se las cambias a tu hermano o a un amigo por otras nuevas. ¡Seguro que no se da cuenta!

3. ¿Qué haces con los folios que están escritos solo por una cara?
   a. Vuelves a usarlos para escribir en sucio o en borrador.
   b. ¿Suele haber folios limpios por una cara? No lo sabía.
   c. Te gusta hacer una bola y tratar de encestar, sin éxito, en la papelera. ¡Hay que hacer deporte!

4. Acabas de terminar una bolsa de patatas fritas y una lata de refresco, pero no encuentras ninguna papelera...
   a. Te guardas la bolsa y la lata vacías en la mochila y esperas a encontrar una papelera o las tiras en casa.
   b. Disimulas que se te han caído y sigues andando.
   c. Metes la bolsa en la mochila de tu compañero sin que se dé cuenta y aprovechas la lata para echar un partido de fútbol por la calle. ¡El deporte es lo primero!

5. ¿Sueles separar las basuras para reciclar los envases y plásticos por un lado, del papel por otro y los vidrios aparte?
   a. Sí, en mi casa hay cubos o bolsas de distintos colores para separar la basura que luego se recicla o reutiliza.
   b. ¿Reciclar? ¡Para qué...! Si luego lo juntan todo en el mismo camión de la basura.
   c. No sé, nunca tiro nada a la basura... No me he fijado... Mi madre es la que limpia en casa.

Resultados:

Mayoría de a: Eres un modelo de comportamiento ecológico. El medio ambiente te lo agradecerá.

Mayoría de b: Lamentablemente, la gente como tú es un peligro de inminente desastre ecológico.

Mayoría de c: Las personas como tú deberían estar en proceso de extinción... Eres un desastre y muy poco solidario. Eso sí: ¡Eres un gran deportista!

24 **Tienes que contestar a todas las preguntas. Recuerda que todas las respuestas han de estar relacionadas con el medio ambiente.**

1. Completa para saber si tus compañeros conocen esta información: *En Madrid se reciclan el papel y el vidrio.* ¿ .... en Madrid se reciclan el papel y el vidrio?

2. ¿Lleva tilde *ciempies?* ....

3. Di tres adjetivos o nombres de valoración positiva. ....

4. Completa: *Es* .... *que tantas personas mueran por no tener agua potable.*

5. Valora esta información: *Han plantado 20 hectáreas de árboles.* ....
   ....

6. Describe *lluvia ácida* sin decir *llover ni agua.* ....

7. Responde a esta comprobación de información: *¿Sabías que el oso pardo está en peligro de extinción en España?* ....

8. Enumera tres problemas medioambientales. ....

9. Completa la frase: *Están a punto de...* ....

10. ¿Lleva tilde *informandoles?* ....

11. Di tres adjetivos o nombres de valoración negativa. ....

12. Completa la frase valorando un hecho en pasado: *Es una vergüenza que...* ....
    ....

13. Completa la frase: *María sigue sin...* ....

14. Di tres compromisos del plan de acción de la cumbre de la Tierra. ....
    ....
    ....

15. Completa la frase: *Acaban de...* ....

16. ¿Con qué relacionas la palabra *vertedero?* ....

17. Completa la frase: *Es increíble que...* ....

18. Da tu opinión sobre esta afirmación: *Dentro de unos años se descubrirá una fuente de energía barata y no contaminante.* ....

19. ¿Se acentúa *papel-carton?* ....

20. Valora esta información: *Ha desaparecido una gran parte de la selva amazónica.*
    ....

21. Completa la frase: *Continúan...* ....

5 REGÁLAME LO QUE QUIERAS

Describir objetos y personas. Indicativo / subjuntivo en oraciones de relativo. Expresar probabilidad. La coma, el punto y coma. Complementos. Inventos y descubrimientos.

1 Es el cumpleaños de Lucía y sus amigas no saben qué regalarle. Lee el diálogo.

2 Escribe en las casillas vacías de la viñeta los nombres de los objetos.

Vocabulario

bolso
anillo
agenda
llavero
bufanda
horquillas
guantes
calculadora

pendientes
pulsera
cazadora
cinturón
collar
monedero
toalla

PARA EMPEZAR

3 Escucha el diálogo completo, identifica el objeto y márcalo.

Marta: Se me han perdido las gafas. No las encuentro por ningún sitio.

Luis: ¿Otra vez? ¡Qué día llevas...! Se te pierde todo; eres un desastre. A ver... seguramente las tienes en el bolsillo de la cazadora o en la mochila.

Marta: Que no, que ya las he buscado bien.

Luis: Vamos a ver... ¿Cómo son las gafas?

Marta: Pues son las gafas que utilizo habitualmente, ...

¿Sabes?

Para describir objetos

tamaño: grande, pequeño…
forma: cuadrado, redondo, alargado…
material: de tela, de goma, de plástico, metálico…
otras características: *sirve para…, se usa para…*

Es un objeto que suele ser pequeño y redondo, que tiene una correa de piel o metal y que se utiliza para saber la hora que es.

Ref. pág. 91

(21)

Ahora escucha de nuevo y escribe cómo son las gafas de las que se habla.

....

....

4 Escucha este otro diálogo y completa.

1. Lucía quiere que Ana…

....

....

2. Lucía quiere unos pendientes que…

....

....

....

3. Cuando se le rompe uno de los pendientes, Lucía le dice a Ana:

....

....

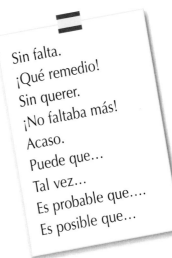

Sin falta.
¡Qué remedio!
Sin querer.
¡No faltaba más!
Acaso.
Puede que…
Tal vez…
Es probable que….
Es posible que…

(23)

5 Escucha estas descripciones, completa el cuadro y escribe el nombre de cada objeto.

H

	1	2	3 ....
Tamaño / forma	....	....	*redondo*
Color	....	*distintos colores*	....
Material	....	....	
Otras características	*para guardar monedas*	....	
	....	....	....
	....	....	....

6 Lee el *¿Sabes?* y describe a tu compañero dos términos del vocabulario. Él dirá de qué se trata.

Ej.: *Es un objeto con el que puedes calcular rápidamente operaciones matemáticas → calculadora.*

Alumno A

....
....
....
....
....

Alumno B

....
....
....
....
....

¿Sabes?

Oraciones de relativo
• antecedente + **que / quien.**
He oído al autor que me firmó el libro.
He leído los libros que me prestaste.
Fue ese profesor quien me ayudó a entender la gramática.
Fueron esos profesores quienes me ayudaron a entender la gramática.
• antecedente + preposición (art.) + **que / (art.) / cual / quien.**
Es el chico de(l) que te hablé / Es el chico de quien te hablé.
Este es el libro con el cual estudié bachillerato. / Estas son las amigas con las cuales fui de viaje a Francia.
Dame los apuntes con (los) que estudiamos matemáticas.
Observa: quien / quienes solo se utilizan con personas.

7 Completa estas frases con indicativo o subjuntivo.

Ana busca alguna agenda que ....
....

Luis necesita la bolsa que ....
....

Lucía quiere esos pendientes que ....
....

Pedro necesita un amigo que ....
....

¿Sabes?

Indicativo → el antecedente es conocido (sabemos que existe).
María quiere el libro que te dejó ayer.

Subjuntivo → el antecedente no es conocido (no sabemos si existe).
María busca un libro que sea entretenido.

Ref. pág. 91

8 **Escucha y completa con el verbo en indicativo o subjuntivo.**

Chicas, ya sé qué le vamos a regalar a Lucía. Nosotras queremos algo que .... barato, bonito, que no .... mucho dinero y que al mismo tiempo .... práctico, ¿no? Pues tengo la solución. Esta mañana ha estado Lucía en mi casa y me ha pedido que le preste unos pendientes que le .... bien con su jersey azul. Y eso es justo lo que necesitamos: .... una cosa barata, bonita, que no .... mucho y, al mismo tiempo, ... práctica y le va a hacer mucha ilusión. Es la solución perfecta. ¿Qué os parece?

9 **Pregunta entre tus compañeros quién sabe hacer estas cosas o quién ha realizado estas acciones.**

Ejs.: *¿Hay alguien que sepa tocar el piano?* → *No hay nadie que sepa tocar el piano.*
¿Hay alguien que haya viajado en avión? → *Hay tres chicos que han viajado en avión.*

hablar más de dos idiomas ....

....

escribir con la mano izquierda ....

....

vivir en otro país ....

....

conocer a alguien famoso ....

10 **Completa el diálogo con la expresión adecuada.**

–No encuentro los calcetines de deporte, se me han perdido.

–Mira bien, ...…........... están en el fondo de la bolsa.

–No, no están, llevo media hora mirando.

–..............…........... te los has dejado en casa.

–Que no. Te digo que los he cogido, me acuerdo perfectamente.

–¿Has mirado en la mochila? ....…..........…....... estén.

–No, no están aquí tampoco.

–..............…........…........ que se te hayan caído sin darte cuenta.

11 **A Mario se le han perdido las llaves. Escribe todas las hipótesis que se te ocurran siguiendo el modelo del ¿Sabes?**

....

....

....

....

¿Sabes?

• **Seguro que** están en clase.

• **Probablemente, posiblemente, tal vez, quizá(s)** están, estarán, estén en casa.

• **Acaso, es posible que, puede que** estén en casa.

Ref. pág. 92

FÍJATE BIEN

ortografía / fonética: la coma (,) y el punto y coma (;)

12 **Lee el ¿Sabes? y puntúa estas frases.**

1. En el baño uso gel champú desodorante y esponja.

2. Ana llámame cuando llegues a casa.

3. En cuanto llegue a casa por la tarde te llamaré.

4. Lucía es un desastre; yo cuidadosa.

13 **Lee estas frases. ¿Quieren decir lo mismo? Lee el ¿Sabes?**

1. El llavero, que me regalaron por mi cumpleaños, se me ha perdido.

2. El llavero que me regalaron por mi cumpleaños se me ha perdido.

Explica la diferencia.

....
....
....

(25)

14 **Escucha con atención estas frases y escríbelas puntuando correctamente.**

1. ....
....

2. ....
....

3. ....
....

4. ....
....

15 **Puntúa estas frases con coma y punto y coma.**

Yo voy a la panadería y a la frutería Paco a la pescadería.

No puedo seguir estudiando anoche me acosté tarde.

No me apetece salir esta noche sin embargo lo necesito.

He quedado con Pepe María con Luis Lucía con Ana.

16 Lee estos textos sobre inventos famosos.

INVENTOS QUE HAN HECHO HISTORIA

El teléfono lo inventó Alexander Graham Bell (1847-1922), escocés nacionalizado en Estados Unidos, quien en 1875 consiguió comunicarse por primera vez con su ayudante.

Desde entonces, el teléfono se ha extendido por todo el mundo: primero, a través de cables submarinos, y desde 1969, a través de satélites. Desde 1979 existe la telefonía móvil, de gran repercusión social. Actualmente, además de la voz, se pueden transmitir datos e imágenes.

El primer teléfono español se instaló en Barcelona antes del siglo XX, y en 1924 se creó la Compañía Telefónica Nacional. España, con más de 18 millones de teléfonos fijos, tiene una de las redes de telecomunicaciones más importantes del mundo.

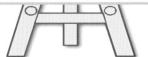

La televisión ha logrado que los acontecimientos más importantes del mundo lleguen a todos los hogares de manera casi instantánea. La televisión es un medio de comunicación de masas. Comparado con la prensa y la radio, es el que goza de más popularidad.

En 1926 John Logie Baird (1888-1946), un ingeniero de Reino Unido, consiguió emitir las primeras imágenes de forma regular desde la BBC en Londres.

Desde entonces, se ha extendido por todo el mundo, primero por satélite (1962), más tarde por cable... Su tecnología ha ido mejorando: de los primeros televisores, que eran en blanco y negro, se pasó a los de color, en los años cincuenta. Más tarde llegaron los televisores planos (1979), los digitales y los de alta definición.

Actualmente existen cerca de mil millones de televisores en el mundo. En España, las primeras emisiones comenzaron en 1956; en la década de 1970 se generalizó la televisión en color y hasta 1983 no existieron las cadenas de televisión privadas.

Gracias al televisor, el mayor acontecimiento en la historia del hombre: la llegada del hombre a la Luna, fue seguido en directo por todo el mundo en 1969.

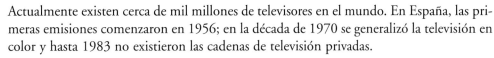

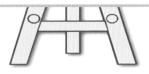

17 Contesta a estas preguntas.

a) Además de la voz, ¿qué se puede transmitir a través del teléfono? ....

b) ¿Qué otros medios de comunicación existen además de la televisión? ....
....

c) ¿Cuál fue el mayor acontecimiento mundial seguido en directo por televisión? ....
....

d) ¿Desde qué ciudad se emitieron las primeras imágenes? ....

18 Formad grupos de cuatro o cinco y pensad en alguna cosa que se pueda regalar a cada una de estas personas o animales. Seguid el modelo.

✓ A una madre

✓ A un amigo o amiga

✓ Al abuelo o a la abuela

✓ A un perro

✓ A un gato

–Yo creo que a un padre algo que le sirva para afeitarse.

–No, hombre, mejor algo que

....

....

19 ¿Cuál es el regalo que más desearías que te hicieran? Cuéntaselo al resto de la clase. Piensa en sus características.

20 Aquí tenéis una lista de inventos famosos. ¿Podéis decir algo acerca de ellos? Repasad el *¿Sabes?* para describir objetos de la sección Para Empezar.

✓ el automóvil   ✓ el ordenador

✓ la radio   ✓ la plancha

✓ la calculadora   ✓ la cámara de fotos

✓ la bombilla   ✓ la lavadora

AHORA TÚ

21 ¿Quién es? Completa la adivinanza con cuatro frases más utilizando oraciones de relativo con preposición.

Es una persona...　　**a la que** contarías un gran secreto,

　　　　　　　　　con la que te llevas muy bien,

　　　　　　　　　de la que nunca hablarías mal,

....

....

....

....

Es ....

22 Piensa en un lugar, una persona, un objeto y descríbelos usando el relativo con preposición. Tu compañero dirá de qué se trata.

23 Imaginad que llegáis tarde a clase y no están ni el profesor ni vuestro mejor amigo. Escribid hipótesis originales para explicar su ausencia.

Ejs.: *Es posible que el profesor se haya equivocado de autobús y se haya ido a otra ciudad.*
Quizá el perro de Jorge se haya perdido y…

....

....

....

6)

24 Escucha con atención estas frases y escríbelas. ¿Son explicativas o especificativas?

1. ....
....
2. ....
....
3. ....
....
4. ....
....
5. ....
....
6. ....
....

UN POCO DE TODO

25 Adivina, adivinanza... ¿Sabes qué objeto es?

Cuanto más se moja
más te seca.

Brillante por delante,
sin brillo por detrás.
Tu izquierda a la derecha,
en él siempre verás.

(......................................)

Aunque tiene dientes
y la casa guarda...,
ni muerde ni ladra.

(......................................)

(......................................)

26 Ahora, escribe tú una adivinanza sobre alguno de los objetos de la lección.

....

....

....

....

27 Busca nueve palabras del vocabulario de la lección en esta sopa de letras.

A	A	L	L	A	O	T	O	H	E	U
N	R	L	L	A	V	E	R	O	Y	S
I	O	Ñ	N	O	R	U	T	N	I	C
L	D	H	O	R	Q	U	I	L	L	A
L	A	C	A	M	Z	Y	E	T	D	R
O	L	N	O	A	A	S	Z	A	T	E
I	U	C	C	L	E	N	A	O	G	S
Z	C	I	T	B	L	N	U	I	H	L
O	L	M	O	M	L	A	E	O	J	U
A	A	M	L	I	U	L	R	N	U	P
P	C	A	O	R	E	D	E	N	O	M

28 Completa estas oraciones de relativo.

1. Este es el chico ……………… acompañé anoche a su casa.

2. ¿Fueron tu hermano y tu padre …………………………… te llevaron a casa?

3. Esas son las cosas ……………… le alegran a uno la vida.

4. Quiero uno de esos libros ……………… tratan de ciencia-ficción.

5. Esta es la chica ………………………… me encontré este verano en la playa.

6. Necesito ver de nuevo a todos los amigos ……………………...…… cené en Nochevieja.

29 Completa con el verbo en indicativo o subjuntivo.

1. Es un objeto que *(servir)* …………… para peinarse.

2. Necesito una bolsa que me *(servir)* ………….. para llevar de viaje.

3. Seguro que *(encontrar, vosotros)* ……………… ahí todo lo que necesitáis.

4. Déjame algún jersey que me *(ir)* ………… con esta cazadora.

5. Es posible que *(tener, yo)* ………….. las entradas para mañana.

6. Quiero esa toalla que *(estar)* ………… sobre el lavabo.

30 Escucha esta carta que Lucía escribe a su abuela.
Escríbela y puntúa correctamente.

Querida abuela: …………………………………………………………………………………

……………………………………………………………………………………………………

……………………………………………………………………………………………………

……………………………………………………………………………………………………

……………………………………………………………………………………………………

……………………………………………………………………………………………………

……………………………………………………………………………………………………

……………………………………………………………………………………………………

……………………………………………………………………………………………………

……………………………………………………………………………………………………

Lucía

6 HA DICHO QUE LO LLAMES

Hablar por teléfono. Transmitir informaciones recientes. El estilo directo e indirecto. Expresar la causa y la consecuencia. Ordenadores e Internet.

1 Lee estos mensajes. Después, completa el diálogo con ayuda del cuadro inferior.

LUIS, TE HA LLAMADO ALBERTO.

¿SÍ? ¿Y QUÉ HA DICHO?

¿QUIÉN MÁS HA LLAMADO?

LLEVARLE MAÑANA EL PENDRIVE. HA DICHO TAMBIÉN QUE
....
....
....

UNA AMIGA. HA DICHO
....
A PRIMERA HORA; DICE QUE LA LLAMES.

¡AH! Y QUE ....

Luis, que mañana no hay clase a primera hora. Llama a la siguiente de la lista. Por cierto, ¿vas a ir al concierto esta tarde? Llámame.

Luis, soy Alberto. No te olvides de llevarme mañana el pendrive. Luego te llamo...

- Si vas a ir al concierto esta tarde.

- Que no se te olvide.

- Volverá a llamarte.

- Que mañana no hay clase.

Vocabulario

contestador automático
colgar / descolgar el teléfono
chatear
disquete
disquetera
teclado
impresora
pantalla
internauta

2 Traduce a tu lengua las palabras del vocabulario.

PARA EMPEZAR

3 Escucha estos diálogos y numéralos por orden de audición. Después, completa.

-¿..............................?
-Buenas noches, ¿..............................., por favor?
-Sí, un momento, ahora ....
□   ¿..............................?
-De Luis.

-¿Sí?
-Hola, qué tal.
-Bien, ¿y tú?
-Te llamo para decirte .... a primera
   hora. Llama tú a Jaime Sánchez para decírselo, ¿vale?
□   -Muy bien. Yo le llamo. Hasta mañana.

-¿Sí?
-Hola, ¿está Alberto, por favor?
-Sí, pero en este momento .... Es que   □
 se está duchando. ¿Quieres ....?
-Sí, que me llame; soy Luis.   -¿..............?
-Ya se lo digo.   -Buenos días. ¿.............................. □
-Gracias, adiós.   la Sra. Álvarez, por favor?
                                                    -Sí, soy yo. ¿De parte de quién?
                                                    -Soy el doctor Ibáñez. La llamaba para confirmar
                                                       la cita de hoy.

4 Escribe las fórmulas que se usan en las conversaciones anteriores para estas funciones. Fíjate en el cuadro.

FUNCIONES

Contestar
Preguntar por alguien
Preguntar quién llama
Pasar la llamada
Preguntar si quiere dejar un recado

FÓRMULAS

....
....
....
....
....

¿Diga? / ¿Dígame?
¿Se puede poner...?
¿De parte de quién?
¿Quién le llama, por favor?
Ahora se pone.
Ahora no puede ponerse.
Está comunicando.
¿Quiere(s) dejar algún recado / mensaje?

(29)

5 Escucha las frases y señala en cuáles el verbo *decir* significa:

✓ Dar información ....

✓ Pedir algo *Frase 1 (Ha llamado tu hermano y <u>ha dicho que</u> le llames). Frase 3 y frase 5.*

✓ Preguntar ....

Escribe tú ahora un ejemplo de cada caso.

1. ....

2. ....

3. ....

6 Lee el *¿Sabes?* y transmite a Luis el mensaje de Alberto.

Luis:
→ Te he llamado varias veces.
→ No consigo hablar contigo.
→ Tengo una noticia que te pondrá muy contento.
→ Llámame. Estaré en casa.

Ej.: *Alberto ha dicho que te ha llamado varias veces.*

....

....

....

....

....

....

....

¿Sabes?

Al transmitir información reciente se producen ciertos cambios:

➤ En las **personas verbales**, los **pronombres** y los **posesivos**:
*(Yo) **Te** he llamado.* → *(Él) Dice que **me** ha llamado.*
*Estoy en **mi** casa.* → *Dice que **está** en **su** casa.*

➤ En algunas **formas verbales**:
Imperativo → Presente de subjuntivo
Llámame. → *Dice que le **llame**.*

(El pretérito perfecto, compuesto y simple, el pretérito imperfecto y el futuro no cambian.)
Te esperé hasta las 4. → *Dice que me esperó hasta las 4.*

➤ En **adverbios de lugar**:
*Estoy **aquí**.* → *Dice que está **allí**.*

Verbos propios del estilo indirecto: *decir, preguntar, asegurar, admitir, reconocer…*

Ref. pág. 95

7 Lee lo que le dice Eva a Marta.

Es que Luis <u>me</u> gusta bastante...; pero no <u>me</u> deja un rato sola, bueno, solo cuando <u>estoy contigo.</u> Siempre está pendiente de mí en el colegio. Cuando voy a <u>vuestra</u> clase a <u>veros</u>, se pone nervioso... <u>Yo creo</u> que tiene celos.

8 Alberto lo ha oído todo y se lo transmite a Pedro, ambos son compañeros de clase de Marta. Escribe lo que dice Alberto cambiando las palabras subrayadas.

Ej.: *Eva le ha dicho a Marta que Luis le gusta bastante, pero que no la deja* ....

....

....

9 Escucha estas preguntas y reprodúcelas en estilo indirecto. Fíjate en el *¿Sabes?*

Ej.: *¿Cómo te llamas? → El encuestador me ha preguntado cómo me llamo.*

1. ....

2. ....

3. ....

4. ....

5. ....

6. ....

¿Sabes?

Preguntas de respuesta sí o *no:*
"*¿Trabajas?*" → *Me ha dicho que sí trabajo. / Me ha preguntado si trabajo.*

Preguntas con respuesta abierta:
"*¿Cuántos años tienes?*" → *Me ha dicho que cuántos años tengo. / Me ha preguntado cuántos años tengo.*

10 Observa el *¿Sabes?* y completa estas frases causales.

1. .... mañana no hay clase, dormiré hasta muy tarde.

2. Mis padres no están en casa, ...
....

3. No he podido comprarte el libro que querías,
....

4. Jorge dice que le salió muy mal el examen
....

5. No te pude llamar por teléfono ....
.... me quedé sin saldo.

¿Sabes?

Para preguntar por la causa de algo:
- ¿por qué...?
- ¿cómo es que...?
- ¿y eso?

Para expresar la causa:
- por + Infinitivo
- porque
- es que
- como (siempre antepuesto a la oración principal)
- debido a que
- puesto que

–¿Por qué no me llamaste?
–Es que tenía prisa.
  Eso te pasa por decir mentiras.

Ref. pág. 92

11 Lee esta nota y complétala con los conectores del *¿Sabes?*

Últimamente te veo poco, ... he decidido escribirte.
Están cerca los exámenes y tengo mucho que estudiar,
.... estoy muy liada.
.... creo que es mejor dejar de vernos durante un tiempo.
Un beso.

¿Sabes?

Para expresar la consecuencia:

- por eso
- así que
- entonces
- de modo que
- por consiguiente
- conque

Ref. pág. 93

FÍJATE BIEN

(31)

12 Escribe las frases que vas a escuchar.

1. ....
2. ....
3. ....
4. ....
....

Ahora, reproduce dos de estas frases célebres en estilo directo.

Ej.: *Un autor anónimo dijo: "El que sabe ganar amigos sabe ganarlo todo".*

....
....
....
....

¿Sabes?

El estilo directo consiste en reproducir mediante comillas las palabras de una persona:
Ana ha dicho: "Luis es bastante orgulloso y creído".

13 Escribe tres preguntas para un cuestionario (mensaje real) y házselas a tu compañero; él las escribirá en estilo directo y luego en estilo indirecto. Seguid el modelo.

Alumno A

Cuestionario

1. *¿Cómo te llamas?*
2. ....
3. ....
4. ....

¿Sabes?

En el **estilo indirecto** se mantienen los acentos de los interrogativos de la pregunta real, aunque no lleven los signos de interrogación (¿?):

¿Dónde vives? (Mensaje real)
Me ha dicho: "¿Dónde vives?". (Estilo directo)
Me ha dicho que dónde vivo. (Estilo indirecto)

Alumno B

ESTILO DIRECTO	ESTILO INDIRECTO
1. Has dicho: "¿Cómo te llamas?"	1. Has dicho que cómo me llamo / Has preguntado cómo me llamo.
....	....
....	....
....	....

TU LECTURA
comprensión lectora

14 **Lee este texto y escribe tú el titular que creas conveniente.**

Titular ....

Según un informe sociológico, los españoles reaccionan con prudencia y moderación ante las nuevas tecnologías, pero el ordenador ha tenido una buena aceptación tanto en la vida laboral como en los hogares españoles.

En bastante más de la mitad de los hogares españoles hay un ordenador, pero no todos están conectados a la red. Esto es debido a que los encuestados desconfían cuando tienen que dar datos confidenciales para efectuar algún tipo de compra en Internet. El 56% considera que la conexión a la red tiene un elevado coste y el 44% piensa que navegar por Internet es frío e impersonal.

Existen dos grandes grupos de internautas: los que usan el correo electrónico y buscan información para su trabajo y estudios, y los que se plantean la navegación por el ciberespacio como una forma de entretenimiento, a través del chat.

Por el contrario, el teléfono móvil ha sido un éxito en nuestro país y ha entrado rápidamente en la vida de los españoles: su uso no hace más que crecer. ¿Por qué este contraste entre la aceptación de estos dos aparatos?

Esto es debido a que el móvil nos permite estar permanentemente en contacto, a que favorece la comunicación directa e inmediata en cualquier lugar; por lo tanto, se adapta muy bien al carácter social de los españoles.

Sin embargo, no todo son ventajas en el uso del móvil: comienzan a aparecer casos de adicción; esto provoca el aislamiento social de algunos individuos. Entre los jóvenes su uso está muy extendido; lo utilizan para mandar mensajes o hacer llamadas perdidas a personas que van a ver un rato después. Con frecuencia se ven grupos de estudiantes que, en lugar de comunicarse entre ellos, están pendientes de su móvil. Eso sin contar con los riesgos potenciales que sus radiaciones tienen para la salud.

La adicción a este nuevo medio de comunicación conlleva hábitos que repercuten directamente en la vida social. En los cines, la publicidad advierte a sus usuarios de que deben desconectar los móviles antes de empezar la película. Esta es una cuestión de hábitos sociales que, en algunos casos, necesita de una llamada de atención para no interferir en las buenas relaciones.

Ciberp@is, *El País.*

1. **¿Por qué no todos los hogares con ordenador están conectados a Internet?**

....

....

2. **¿Por qué es más aceptado el teléfono móvil?**

....

....

3. **Escribe las consecuencias negativas del móvil, según el texto.**

....

....

15 ¿Conocéis todo el vocabulario de Tu Lectura referido a Internet? Aquí tenéis una serie de palabras. Comentadlas y clasificadlas en la tabla.

> disco duro – **recarga** – **tarjeta** – pantalla – **disquete** – batería –
>
> cobertura – **módem** – teclado – **saldo** – **conexión** – impresora – **ciberespacio**

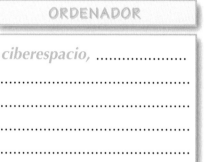

TELÉFONO MÓVIL	ORDENADOR
....	*ciberespacio,* ....
....	....
....	....
....	....
....	....

Di otras que tú conozcas.

16 Vamos a hacer un sondeo sobre el uso del móvil y del ordenador en la clase. Preparad una encuesta con diez preguntas. Aquí tenéis algunas ideas.

TELÉFONO MÓVIL

✔ Uso.
✔ Gasto mensual.
✔ Sistema...
✔
✔
✔
✔
✔

ORDENADOR

✔ Cuántas personas tienen uno en casa.
✔ Uso.
✔ Tiempo diario / semanal de uso…
✔
✔
✔
✔
✔

17 Debate. Discutid entre todos estos aspectos relacionados con los ordenadores y los móviles. Intentad llegar a un acuerdo.

➤ ¿Se debe prohibir o restringir el uso de los móviles en los colegios?

➤ ¿Qué se usa más en tu país: el móvil o el ordenador?

➤ ¿Son realmente necesarios estos aparatos? ¿Suponen un gasto innecesario?

AHORA TÚ
práctica global

18 Aquí tienes dos notas, una para ti y otra para tu compañero.

> Esta tarde hay un concierto
> del grupo Focus en la sala
> Mola-Mola.
> ¿Quieres entradas?
>
> Luis

> ¿Me prestas 2 €? Es que me
> he dejado el dinero en casa
> y necesito comprarme un
> bocadillo.
>
> Marisa

Cuéntale a tu compañero qué te dice Luis; él te contará a ti lo que le dice Marisa.
Hacedlo en estilo directo e indirecto.

A

En mi nota, Luis dice que…

....

....

....

Luis dice: "...

....

....

B

Pues en la mía María dice que…

....

....

....

Marisa dice: " ....

....

....

19 Ordena esta conversación telefónica entre Alberto y la madre de Luis.

☐ –No, no ha llegado todavía. ¿Quieres dejarle algún recado?

☐ –Gracias. Adiós.

☐ –Vale, ya se lo diré… Hasta luego.

☐ –¿Dígame?

☐ –Hola, ¿está Luis?

☐ –Sí, dígale que soy Alberto. Que me llame.

20 Piensa junto con tu compañero en un tema polémico y escribid vuestra opinión utilizando los conectores que expresan consecuencia.

....

....

....

....

UN POCO DE TODO

21 Mira esta fotografía y escribe las partes indicadas. ¿Conoces los otros componentes? Señálalos.

escáner

lector CD-ROM

disco compacto

grabadora

22 Resuelve el crucigrama y descubre la palabra secreta.

1 ☐☐☐☐☐☐☐☐☐

2 ☐☐☐☐☐☐☐

3 ☐☐☐☐☐☐☐☐

4 ☐☐☐☐☐☐☐

5 ☐☐☐☐☐

1. Sirve para imprimir lo que escribimos.

2. Podemos escribir uno y mandarlo.

3. En ella vemos lo que buscamos o escribimos.

4. Tiene números, letras y otros símbolos.

5. Tiene nombre de animal.

23 Relaciona ambas columnas.

internauta

disquetera

cobertura

buscador

móvil

navegar

Internet

ordenador

> Ahora escuchadme bien: abrid el libro por la página 36. Leed el texto y buscad las palabras nuevas en el diccionario. Responded a las preguntas y escribid las respuestas en el cuaderno.

24 **¿Puedes transmitir lo que dice el profesor?**

Ej.: *El profe dice que le escuchemos bien, que...*

....

....

....

....

25 **Escribe todas las fórmulas que recuerdes para hablar por teléfono.**

Contestar: ....

Preguntar por alguien: ....

Decir que se va a pasar la llamada: ....

El que responde es la persona por la que se pregunta: ....

Preguntar quién llama: ....

26 **Completa este correo electrónico con expresiones adecuadas de causa o consecuencia.**

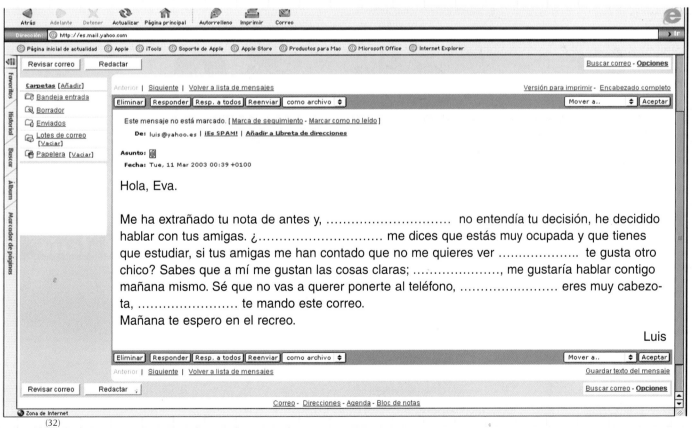

Hola, Eva.

Me ha extrañado tu nota de antes y, ... no entendía tu decisión, he decidido hablar con tus amigas. ¿............................ me dices que estás muy ocupada y que tienes que estudiar, si tus amigas me han contado que no me quieres ver .... te gusta otro chico? Sabes que a mí me gustan las cosas claras; ...., me gustaría hablar contigo mañana mismo. Sé que no vas a querer ponerte al teléfono, ... eres muy cabezota, ... te mando este correo.
Mañana te espero en el recreo.

Luis

(32)

🎧 **Ahora, escucha y comprueba.**

7 DIJO QUE ERA EL MEJOR

Reproducir un discurso en el pasado. El Imperfecto de Subjuntivo en el estilo indirecto. Oraciones subordinadas concesivas. Géneros y estilos literarios. Consonantes reduplicadas.

1 Observa el dibujo y lee.

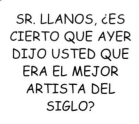

SR. LLANOS, ¿ES CIERTO QUE AYER DIJO USTED QUE ERA EL MEJOR ARTISTA DEL SIGLO?

AYER SE FALLARON LOS FAMOSOS PREMIOS ÓRBITA, EN LOS QUE SE RECONOCE LA LABOR INTEGRAL DE CREACIÓN LITERARIA. EN ESTA OCASIÓN SE CONCEDIÓ EL PREMIO AL FAMOSO POETA, NOVELISTA, DRAMATURGO Y ENSAYISTA JULIÁN LLANOS, CONOCIDO TANTO POR SU TALENTO COMO POR SU PECULIAR CARÁCTER...

RETRANSMITIMOS HOY EN DIRECTO ESTA RUEDA DE PRENSA PARA ESCUCHAR SUS SIEMPRE POLÉMICAS DECLARACIONES.

2 Relaciona ambas columnas.

poesía	ensayista
novela	dramaturgo
teatro	poeta
ensayo	novelista

Vocabulario

lector
obra
premio
asegurar
retransmitir
comentar
admitir
autógrafo
autor
entrevista
ejemplar

PARA EMPEZAR

3 Ayer, a la salida de los premios Órbita, se produjo un incidente entre el premiado y un admirador. Escucha la entrevista y complétala.

Tenemos en directo al admirador ofendido. Adelante con la entrevista...

Entrevistador: Así que usted .... que ayer tuvo un incidente con el último premio Órbita, Julián Llanos. ¿Puede contarnos lo que pasó?

Admirador: Pues sí. Resulta que ayer, después de la ceremonia de los premios, me acerqué a él para felicitarlo y pedirle un .... Entonces él me insultó, me dijo que él no .... un premio tan importante para soportar a pesados como yo, y que desapareciera de su vista. Luego me dio un empujón y casi me tiró al suelo.

Entrevistador: Bueno, hay que comprenderle; es un personaje muy conocido, estaba cansado, era muy tarde...

Admirador: Sí, pero a pesar de todo no le puedo justificar. Además, yo era un fiel seguidor y .... de su ....: tenía .... de todos los .... que ha cultivado, de todos sus ...., de todos sus ....; había grabado todas sus entrevistas en radio y televisión... Pero ahora, después de esto, he decidido tirarlo todo a la basura.

Entrevistador: Pero ¿no puede perdonarle o, al menos, disculparle? Piense en su fama, en su prestigio.

Admirador: Pues aunque me .... perdón de rodillas, y aunque ...... para mí el mejor escritor del mundo, yo no le voy a perdonar. Y no quiero saber nada más de él.

4 Escucha ahora la versión del escritor y señala la opción correcta.

1. El autor declaró que...
   a) el admirador le había tirado al suelo;
   b) le había metido un bolígrafo en el ojo;
   c) casi le deja sordo con sus gritos.

2. Según Julián Llanos, él solamente dijo que...
   a) le dejara pasar;
   b) se fuera a su casa;
   c) le firmaría otro día el autógrafo.

3. El último premio Órbita...
   a) va a hacer las paces con su admirador porque ha tenido buena intención;
   b) no va a hacer las paces con él;
   c) no sabe qué hará después de este incidente.

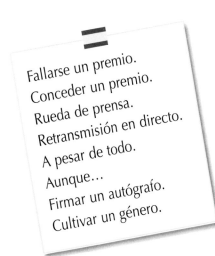

Fallarse un premio.
Conceder un premio.
Rueda de prensa.
Retransmisión en directo.
A pesar de todo.
Aunque...
Firmar un autógrafo.
Cultivar un género.

A TRABAJAR

léxico / gramática

5 Lee el *¿Sabes?* y transforma las frases según el ejemplo.

Ej.: *Dijo: "María es alta". Dijo que María era alta.*

1. Dijo: "Tu hermano regresará pronto". ....

2. Dijimos: "Juan llegó tarde al trabajo".

....

3. Dijeron: "Por supuesto que leeremos tus poemas".

....

4. Yo pensé: "Realmente no quiero ir a la rueda de prensa".

....

¿Sabes?

Dijo que { vendría (posterioridad) venía (simultaneidad) había venido (anterioridad)

Ref. pág. 95

(35)

6 Completa el texto con los tiempos verbales adecuados. Después, escucha y comprueba.

H

SECCIÓN DE CULTURA

Ayer el famoso escritor Julián Llanos reconoció que *(equivocarse)* .... y que no *(comportarse)* .... correctamente. Admitió que *(estar)* .... muy nervioso y cansado aquel día. Aseguró también que la semana próxima *(llamar)* .... personalmente al admirador ofendido y que le *(invitar)* .... a su casa para hacer las paces.

¿Sabes?

Verbos propios del estilo indirecto: *decir, asegurar, reconocer, admitir, declarar, comunicar*

7 Lee el *¿Sabes?* y practica este nuevo tiempo verbal. Sigue el ejemplo.

Ej.: *Tener, tú → tuvieras / tuvieses.*

1. Tomar, ella: ....

2. Preguntar, nosotros: ....

....

3. Estar, ustedes: ....

4. Querer, yo: ....

5. Vivir, nosotros: ....

6. Hacer, él: ....

7. Traer, vosotros: ....

8. Hablar, tú: ....

¿Sabes?

Pretérito Imperfecto de Subjuntivo
Cantar → *cantara / cantase*
Comer → *comiera / comiese*
Vivir → *viviera / viviese*
Se forma a partir de la 3.ª persona del plural del Pretérito Perfecto Simple:
Cantaron → cantara, cantaras, cantáramos, etc.
Me dijo: "Bebe agua".
Me dijo que bebiera / bebiese agua.

Ref. pág. 94

8 Vais a ir al teatro con el colegio. Ayer el profesor os dio las instrucciones, pero tu compañero no estaba en clase y hoy tienes que transmitírselas.

AYER

Profesora: Vamos a ir al teatro. Seguid estas instrucciones:

✓ **Mirad** la cartelera.

✓ **Leed** el resumen de las obras de teatro.

✓ **Tomad** nota de los autores, directores y actores.

✓ **Preguntad** por ellos a vuestros familiares y amigos.

✓ **Seleccionad** alguna obra que os interese.

HOY

Tú: *Ayer la profesora nos dijo que miráramos / mirásemos la cartelera...*

....

....

....

....

¿Sabes?

Oraciones concesivas

Aunque + Indicativo: se informa de un hecho cierto (el hablante sabe que es verdad).
Aunque me gusta, no voy nunca al teatro.
Aunque + Subjuntivo: se presenta un hecho posible (el hablante no sabe si es verdad), o que es conocido por el hablante y el oyente, pero no es relevante para que se cumpla la oración principal.
Aunque me guste, no veo nunca una película dos veces.
Referido a un futuro hipotético, siempre se utiliza el Subjuntivo.
Conectores concesivos: *aunque - a pesar de que - a pesar de.*

Ref. pág. 96

9 Lee el *¿Sabes?* y completa estas frases con el verbo en indicativo o subjuntivo. Ten en cuenta que a veces son posibles los dos modos.

1. Aunque *(estudiar, él)* ...., sigue sin aprobar las matemáticas.

2. A pesar de que *(jugar, María)* .... bien, no ha ganado.

3. Aunque *(hablar, yo)* .... con él, no me perdonará nunca.

4. A pesar de que *(estar, tú)* .... gordo, te quiero.

5. Aunque me *(llamar, tú)* .... mañana, no cambiaré de opinión.

6. Aunque me *(conceder, ellos)* .... el premio, no iré a recogerlo.

FÍJATE BIEN

10 Lee el *¿Sabes?* y escribe correctamente las siguientes palabras cuando sea necesario.

redacción ....   possible ....

differentes ....   innecesario ....

reggistro ....   officina ....

programmación ....   lettras ....

correo ....   desapparecer ....

atractivo ....   producción ....

> **¿Sabes?**
>
> En español solo pueden aparecer dobles las consonantes de este nombre femenino: CaRoLiNa.
>
> Ejs.: *sección, corrección, llamada, innato.*

(36)

11 Escucha las frases y completa las palabras con *-c-* o *-cc-*.

1. a......ión

2. dire......ión

3. afi......ión

4. obje......ión

5. tradu......ión

6. se......ión

7. sele......ionada

8. su......eso

> **¿Sabes?**
>
> Dos *ces* juntas *(cc)* dentro de la palabra pertenecen a sílabas diferentes: *acción → ac-ción.*
> En la lengua hablada es frecuente la pronunciación $[g\theta]$ o $[\theta]$.

12 Selecciona las palabras del ejercicio anterior que pertenecen a la misma familia que...

Ej.: *actor → acción*

traductor → ....

selector → ....

director → ....

sector → ....

(37)

13 Escucha y repite las siguientes palabras.

colección, inspector, cocción, introducción, emoción, acceder, ascensor, opción

14 Hay muchas palabras parecidas en varios idiomas, pero a veces tienen ortografías diferentes. Di si son correctas o no en español estas palabras con ayuda del diccionario.

inocencia

tunnel

innovador

annuario

innecesario

connectar

antena

15 **Lee esta divertida historia.**

Yo creía que esta impresionante historia se había terminado aquí, lo mismo lo creías tú y lo mismo lo creía el presidente de los Estados Unidos; pues los tres nos hemos equivocado, porque todavía queda lo más interesante.

Dos días después, la *seño* Asunción dijo: "Poneos en fila, que vamos al Museo del Prado".

Mi madre me había preparado comida para ir al Museo del Prado: una tortilla de patatas, unos filetes empanados y para el postre un bollo con chocolate. Cuando lo saqué en el autobús, Yihad me dijo que yo era un hortera y que parecía que en vez de ir al Museo del Prado me iba de excursión a la sierra. Me dio tanta rabia que le dije: "¿Quieres?", y el tipo se comió media tortilla, pero ya no me volvió a llamar hortera. Si se llega a enterar mi madre me mata, porque dice que siempre me comen el bocadillo los demás niños del mundo mundial.

Bueno, pues cuando mejor lo estábamos pasando –el Orejones ya había vomitado dos veces y habíamos cantado "El señor conductor no se ríe, no se ríe el señor conductor…"–, resulta que habíamos llegado al Museo del Prado ese. La *seño* Asunción nos dijo que el que se portara mal jamás volvería a salir de excursión en todos los años de su vida, a no ser que fuera a la cárcel de Carabanchel, que es donde debería estar. La *seño* Asunción nos quería llevar a ver las *Mininas* de Velázquez, que es un cuadro en el que Velázquez retrató a todas las gatas, porque era un hombre al que le gustaban mucho los animales, por eso mi colegio se llama Diego de Velázquez.

Nunca llegué a ver ese cuadro porque en el camino vimos uno en el que salían tres tías bastante antiguas (…) Las tres tías antiguas estaban desnudas y tenían un cacho piernas que te da una tía de esas con una de sus piernas y te mueres con todo el equipo para el resto de tus días.

De repente, el Orejones leyó el título y resultó que el cacho cuadro se llamaba *Las tres gracias.* Yihad se cayó al suelo de la risa y acto seguido nos tiramos el Orejones y yo para no ser menos. Yihad sacó un rotulador de la chupa para escribir en el cuadro: *Las tres gordas,* y entonces…

Elvira Lindo, *Manolito Gafotas* Ed. Alfaguara, Madrid, 1994 (texto adaptado).

16 **Elige la opción correcta.**

1. La *seño* Asunción dijo que…
a) se habían puesto en fila.
b) se ponían en fila.
c) se pusieran en fila.

2. La *seño* Asunción dijo:
a) "El que se porta mal jamás vuelve a salir de excursión".
b) "El que se porte mal jamás volverá a salir de excursión".
c) "El que se portó mal jamás volvió a salir de excursión".

3. Al Orejones le hizo mucha gracia…
a) el cuadro de las *Mininas*.
b) la pierna de la tía del cuadro.
c) el título del cuadro que vieron.

17 **¿Cómo crees que termina la historia? Escribe el final.**

....

....

18 Hazle el siguiente cuestionario a tu compañero. Después cuenta al resto de la clase los resultados.

Ej.: *Dice que le gusta bastante leer.*

1. ¿Te gusta leer? (Nada, un poco, bastante, mucho, muchísimo).
2. ¿Qué géneros prefieres: poesía, teatro, narrativa (novela, cuento, ensayo ...)?
3. ¿Qué temas (o subgéneros) prefieres: amor, acción, misterio, fantasía, ciencia-ficción, historia, libros de viajes, biografías...?
4. ¿Te gusta algún autor en especial?
5. ¿Conoces a la autora de *Manolito Gafotas*? ¿Y a algún otro escritor español o que escriba en español?
6. Di los tres últimos libros que has leído y su autor.
7. ¿Conoces algún libro para jóvenes parecido a *Manolito Gafotas* en tu lengua?
8. Recomienda algún libro a tus compañeros.
9. ¿Te gusta escribir? ¿Sueles hacerlo? (Si la respuesta es afirmativa, ¿qué escribes?)
10. Di tres cosas positivas de la lectura.

19 Debate. Discutid los argumentos a favor y en contra de esta afirmación. Después, haced una puesta en común para llegar a alguna conclusión.

> Los libros van a desaparecer por culpa de la televisión, el vídeo, los videojuegos y el ordenador.

20 Vais a entrevistar a Elvira Lindo, autora de *Manolito Gafotas*. Preparad las preguntas y representad la entrevista para vuestros compañeros. Seguid las siguientes pautas.

1. Tenéis que utilizar parte de este vocabulario:

   - lectores
   - conceder premios
   - número de ejemplares
   - firmar autógrafos
   - rueda de prensa
   - a pesar de todo
   - Feria del Libro

2. Debéis emplear al menos una vez *aunque* + subjuntivo / indicativo.

21 Julián Llanos ha desaparecido. Lee los mensajes que les dejó en el contestador a su mujer, a su editor, a su representante y a su secretaria.

A SU MUJER

"TENGO UNA REUNIÓN CON MI EDITOR EN BARCELONA. PASARÉ DOS DÍAS FUERA. NO ME LLAMES PORQUE ESTARÉ MUY OCUPADO; YA LO HARÉ YO."

A SU EDITOR

"LE HE DICHO A MI MUJER QUE ESTOY EN BARCELONA CONTIGO. SI LLAMA DILE QUE LLEGUÉ EL LUNES POR LA NOCHE Y QUE ESTARÉ DOS DÍAS ALLÍ."

A SU REPRESENTANTE

"VOY A IRME DOS DÍAS A DESCANSAR Y A OLVIDARME DE TODO. ESTE PREMIO ME HA DEJADO AGOTADO Y NO QUIERO VER A NADIE. YA TE LLAMARÉ."

A SU SECRETARIA

"LLAMA A LA AGENCIA DE VIAJES Y RESERVA UNA HABITACIÓN DOBLE EN ALGÚN HOTEL TRANQUILO DE MONTAÑA O EN UN BALNEARIO.

¡AH!, Y NO LE DIGAS A NADIE DÓNDE ESTOY."

1. La policía está investigando la desaparición. Completa las declaraciones de las últimas personas con las que se puso en contacto el escritor.

Declaración de su mujer: *Me dijo que tenía una reunión* ....

....

Declaración de su editor: ....

....

Declaración de su representante: ....

....

Declaración de su secretaria: ....

....

(38)

2. Escucha las declaraciones y comprueba. ¿Dónde crees que está Julián Llanos?

22 Hoy ha aparecido Julián Llanos y ha hablado con su mujer. Completa la conversación.

Su editor: No puedes hacer lo que quieras. Tienes un contrato con la editorial.

Julián Llanos: ¡Pues a pesar de que ...., voy a hacer lo que me dé la gana!

Su editor: Si no acabas el libro a tiempo, llamaré a un abogado.

Julián Llanos: Aunque .... a un abogado, no volveré a escribir para ti.

Su editor: ¿Has estado negociando con otra editorial?

Julián Llanos: Aunque ...., no te confesaré nada.

UN POCO DE TODO

23 Busca en la sopa de letras ocho palabras relacionadas con los libros y la literatura.

E	J	I	S	P	L	A	N	E
E	S	C	R	I	T	O	R	J
O	F	U	S	N	E	R	N	E
B	R	E	N	S	A	Y	O	M
R	S	N	P	J	D	F	I	P
A	T	T	S	E	F	D	L	L
N	E	O	I	J	D	S	T	A
Z	L	E	C	T	O	R	Ñ	R
N	P	O	E	M	A	D	I	B
N	O	V	E	L	I	S	T	A

24 Busca la palabra intrusa.

1. cantara, viviese, lea, escribiese

2. poeta, peluquero, dramaturgo, novelista

3. decir, asegurar, declarar, mentir

4. porque, aunque, a pesar de

25 Relaciona ambas columnas.

rueda   un premio

firmar   de prensa

fallarse   de todo

a pesar   un autógrafo

26 El 23 de abril es el Día del Libro en España. ¿Sabes por qué?

a) Porque es mi cumpleaños.

b) Porque Miguel de Cervantes murió el 23 de abril de 1616.

c) Porque así lo decidió el Rey de España.

¿Qué obra importante escribió Cervantes?

a) *Romeo y Julieta.*

b) *Don Quijote de la Mancha.*

c) *Caperucita Roja.*

Cervantes, M. Wensell de Gimborda.

PARA TERMINAR
repaso y autoevaluación

27 **Test de repaso.**

1. El que escribe teatro es un ....

2. La persona que lee una obra es el ....

3. Completa: "Falta un libro en la biblioteca". Ayer la profesora dijo que ....

....

4. Escribe la 3.ª persona del singular del pretérito imperfecto de subjuntivo del verbo *poner:*

....

5. Completa: "Te devolveré el libro la próxima semana". Ayer afirmó que ....

....

6. El que escribe poesía es un ....

7. Elige la opción correcta: El conjunto de creaciones de un autor es..

   a) su obra;   b) la literatura;   c) un ejemplar.

8. Completa: "He sido yo." Por fin Juan reconoció que ....

9. Escribe la 3.ª persona del plural del pretérito imperfecto de subjuntivo de *leer:*

....

10. Completa:

    –Perdóname, ya te lo explicaré todo.

    –Aunque ....

11. Completa: Ana dijo que me escribiría pronto. → Ana dijo:

    "..".

12. La poesía, el teatro y la novela son .... literarios.

13. Completa con *c* o *cc:*

    a......ión, voca......ión, a......tuar, se......ión, a......eptar, rea......ionar

14. Transforma: *Estudia mucho, pero no aprueba* (certeza). → *Aunque*

    ....

15. Escribe la 2.ª persona del singular del pretérito imperfecto de subjuntivo de *venir:*

    ....

16. El que escribe ensayos es un ....

17. Completa: *Han editado cien mil .... de esta obra.*

18. Completa: "Por favor, leed más". *Nos pidió que* ....

19. Completa: "De verdad, lo devolví ayer". *Miguel insistió en que* ....

8 SI CANTASES BOLEROS SERÍAS LUIS MIGUEL

Expresar hipótesis poco probables o imposibles. Expresar deseos. Géneros y estilos musicales. Instrumentos. Repaso de las reglas de ortografía.

1 La familia Peláez está decidiendo adónde ir. Observa el dibujo y lee lo que dicen.

2 En el vocabulario se señalan algunos estilos y géneros musicales. Escribe otros que conozcas.

....

....

....

Vocabulario

bolero
cantautor
música disco
recital
zarzuela
localidades
flamenco
balada

3 Escucha la siguiente conversación telefónica y subraya las palabras que oigas.

festival	anfiteatro	recital
fila	concierto	coro
patio de butacas	cantante	soprano
localidades	músicos	escenario
director	tenor	entradas
palco	compositor	orquesta

Teatro Municipal de Almagro
(Ciudad Real).

Teatro Campoamor, Oviedo
(Asturias).

(39)

🎧 **Escucha de nuevo y marca verdadero o falso.**

VERDADERO   FALSO

1. Quedan tres localidades en medio del patio de butacas, pero no se ve bien.

2. Quedan dos localidades en un palco, y cabrían los tres si se apretaran un poco.

3. Desde las filas del fondo del anfiteatro se ve el escenario, pero no se oye bien.

4. Con tal de que esté en el auditorio diez minutos antes para recoger las entradas es suficiente.

Con tal de que vengas.
Siempre y cuando vengas.
A condición de que vengas.
Reservar entradas.
Anular una reserva.
Dar un recital / un concierto.

A TRABAJAR

léxico / gramática

¿Sabes? 🎺

Oraciones condicionales

• Poca probabilidad o imposibilidad en el presente o en el futuro:

Si + Imperfecto de Subjuntivo + Condicional Simple / Imperativo

*Si **hubiera** algún musical, **podríamos** ir a verlo.*

*Si yo **fuese** rico, no **trabajaría**.*

*Si **vinieras** pronto, **avísame**.*

Ref. pág. 93

4 Lee el *¿Sabes?* y completa las siguientes frases.

1. Si yo fuera tú, no *(hacer)* .... eso.

2. Si *(haber)* .... localidades de palco, compraría entradas.

3. Si ella *(ser)* .... más alta, podría ser una buena jugadora de baloncesto.

4. Si cantase Plácido Domingo, Pepe *(ir)* .... a verlo.

5 Completa el siguiente anuncio que han puesto en el colegio.

> Si tocas la guitarra o la trompeta,
> si .... la música,
> si .... buena voz,
> si .... tiempo, ganas e ilusión...
>
> **tú** eres la persona que buscamos.
> Pregunta por Pedro en el aula 2.

1. Varios estudiantes han leído el anuncio. Completa sus comentarios.

Yo llamaría si *(cantar)* .... bien.

Pues yo lo haría si *(tocar)* .... la batería.

Yo me presentaría si *(saber)* .... tocar mejor la trompeta.

A mí me encantaría estar en el grupo si *(tener)* .... más tiempo.

2. ¿Y a ti gustaría formar un grupo? Escribe tres frases como las anteriores.

↪ Yo formaría un grupo si...

↪ ....

↪ ....

↪ ....

6 Escucha el diálogo entre Pedro y sus amigos y completa las frases.

1. Me encantaría ....

2. ¡Quién ....!

3. A mí me gustaría que ....

....

4. ¡Ojalá nos ....!

7 Expresa tus deseos con el imperfecto de subjuntivo.

¡Ojalá (que) ....!

¡Quién ....!

Me gustaría que ....

8 Consulta el *Apéndice gramatical* y completa las frases.

1. -¿Por qué no vamos al maratón de rock?

-Sí, pero .... no saquemos pronto las entradas, nos vamos a quedar sin ellas.

2. -¿Me prestas este disco?

-Sí, te presto ese disco ....: que me lo devuelvas.

3. -Desde esa localidad no se ve bien el escenario, pero yo, ... se oiga bien, me conformo.

4. -Anda, invítame al recital.

-De acuerdo, yo te invito al recital de jazz ....
.... tú me invites después a cenar.

(41)

🎧 Escucha ahora estas frases y comprueba. Fíjate en la entonación.

9 Escribe debajo de cada dibujo la palabra correspondiente.

violín / trompeta / armónica / saxofón / piano / flauta / guitarra / acordeón / batería

....

FÍJATE BIEN

(42)

10 Escucha y copia las palabras que oigas.

1. ....

2. ....

3. ....

4. ....

5. ....

6. ....

7. ....

8. ....

9. ....

10. ....

11 Acentúa estas frases si es necesario.

a) –¿Te apetece un poco de te?

–Si, pero con bastante azucar.

b) Espero que te de tiempo.

c) Han venido a mi clase solo dos alumnos.

d) Me han preguntado donde estudio.

12 ¿En cuál de estas dos frases la oración introducida por *que* identifica al antecedente?

a) El estudiante que vino ayer es vecino mío.

b) Aquel estudiante, que es vecino mío, no vino ayer.

(43)

13 Escucha y completa con -*c*- o -*cc*-.

1. a......tua......ión

2. fi......ión

3. afi......ión

4. atra......ión

5. reda......ión

6. produ......ión

7. atra......tivo

8. a......triz

14 Acentúa las siguientes palabras cuando sea necesario.

1. pasodoble

2. dieciseis

3. ultimamente

4. cantautor

5. ciencia-ficcion

6. diselo

7. hispano-marroqui

8. decimoseptimo

9. finalmente

10. veintitres

11. comentanoslo

12. llegasteis

15 Lee estos textos sobre música y bailes.

EL FLAMENCO

El flamenco nació en la baja Andalucía –Cádiz, Málaga y Sevilla, fundamentalmente–; en su origen están los antiguos cantos populares y es una música vinculada al pueblo gitano. Los cantes flamencos sonaron por primera vez a finales del siglo XVIII.

Esta música se caracteriza por su inmensa fuerza expresiva, por un cante profundo, de ahí que también se denomine **cante jondo.** El escenario para el cante y el baile flamenco es el tablao, donde las personas van saliendo por turnos a cantar y a bailar acompañados por la guitarra. A los cantantes de flamenco se los llama cantaor / cantaora, y a los que bailan flamenco, bailaor / bailaora, no bailarín ni bailarina. Gestos típicos del flamenco son las palmas y el taconeo.

EL TANGO

Es un baile de salón de Argentina. Parece que la fuente principal del tango es la música negra que llevaron a América los esclavos africanos. El tango llegó a Buenos Aires y a Montevideo a mediados del siglo XIX y arraigó en los arrabales y ambientes más marginales de la ciudad. A partir de entonces fue recibiendo la influencia de elementos europeos, como el bandoneón –una variedad de acordeón–, instrumento que aportaron los inmigrantes genoveses del barrio porteño de La Boca. El tango, que en un principio era bailado solamente entre hombres, adquirió fama internacional con Carlos Gardel.

LA ZARZUELA

Es un género musical español de influencia italiana que tuvo su mayor esplendor a finales del siglo XIX y principios del XX. Su origen se remonta al siglo XVII y debe su nombre a que las piezas se representaban en el pequeño palacio de La Zarzuela, así llamado por estar rodeado de muchas zarzas. La zarzuela es como una ópera pero con una temática más popular y costumbrista donde se mezclan partes cantadas y habladas.

16 Resume con tus propias palabras lo que más te guste –el flamenco, el tango o la zarzuela–, y escribe por qué te gusta.

....

....

....

....

17 Preparad una pequeña exposición oral sobre los tipos de baile y música que hay en vuestro país y comparadlos con los de España e Hispanoamérica.

18 Piensa en tu tipo de música favorita, descríbelo y di por qué te gusta. Tienes que comentar los siguientes aspectos:

✔ instrumentos que se utilizan;

✔ el ritmo que tiene;

✔ si lo conoces, el origen o de dónde es típico;

✔ representantes o compositores famosos;

✔ si se baila o no de una forma específica.

19 Describid un instrumento musical. Tu compañero tiene que adivinar de qué instrumento se trata.

20 ¿Qué harías si...? Contesta e intercambia la información con el grupo. Después, escribe dos hipótesis más como estas y plantéaselas a tus compañeros.

➤ ... fueras el presidente de tu país?

➤ ... te tocara la lotería?

➤ ... estuvieses solo en una isla desierta?

➤ ... te convirtieras en un ratón?

➤ ....

➤ ....

21 Completa estas frases utilizando diferentes nexos condicionales.

1. Te invitaré al concierto, ...

2. ...., no te prestaré otro nunca más.

3. ...., le pediría que me firmara todos sus discos.

4. ....: que saques tú las entradas.

5. Yo, ..., me conformo.

22 Las relaciones entre Ana y su madre son buenas, pero podrían ser mejores...

Ana piensa esto de su madre:

✔ Me pregunta todo, me espía.

✔ Siempre está enfadada.

✔ Me manda hacer muchas cosas.

✔ Me da poco dinero de paga.

✔ Me dice todo el rato que ordene mi cuarto.

La madre piensa esto de Ana:

✔ Es muy desordenada.

✔ Nunca ayuda en casa.

✔ Está todo el día hablando por teléfono.

✔ Estudia poco.

✔ Siempre está de mal humor.

En parejas, haced el papel de Ana y de su madre y decid lo que os gustaría que cambiara.

Ej.: *ANA: A mí me gustaría que me espiaras menos...*
SU MADRE: Pues a mí me encantaría que fueses más ordenada...

23 Piensa en tu cantante o en tu grupo de música preferidos. Escribe lo que te gustaría que cambiase y lo que desearías. Emplea las siguientes estructuras.

Me gustaría / encantaría que...

¡Ojalá...! ¡Quién...! Ej.: *Me gustaría que cantase más baladas.*

....

....

....

....

....

....

24 Completa las siguientes palabras.

1. L__ __ A__ __D__ D
2. __ __ LC__
3. Z__ __ __U__ __ A
4. __ E__ __ T __ L
5. B__ __ A __ __

6. A__ __ RD __ __ N
7. T__ __ L __ O
8. __ AI __ __ OR
9. C__ __ TA __ T __ R
10. G __ IT __ __ __ A

25 Señala el intruso y di por qué.

1. violín / flauta / saxofón / trompeta

2. si / así que / con tal de que / como

3. taconeo / tango / palmas / cantaora

4. siempre y cuando / con tal de que / si

26 Relaciona cada expresión con su significado.

La música amansa las fieras.

Dar el cante.

No cantes, que va a llover.

Esto es coser y cantar.

Llamar la atención exageradamente.

Esto es facilísimo.

Se asocia la lluvia con cantar mal.

Para tranquilizar los ánimos,
la música es ideal.

Escribe una frase con dos de las expresiones anteriores.

1. ....

2. ....

27 **Completa estas frases que expresan deseos.**

1. ¡.................... venga Barenboim a dirigir la orquesta de nuestra ciudad!

2. ....……….. cantar tan bien como Luis Miguel.

3. ¡...................... fuera millonario para comprar el Teatro Real!

4. .... que formáramos un grupo de rock.

5. ¡....................... hubiera un conservatorio de música aquí!

28 **¿Qué falla en las siguientes frases? Corrígelo.**

1. ¡Ojalá vienes a tiempo para ensayar con nosotros!

   ....

2. Si queráis podéis ayudarnos a organizar la fiesta.

   ....

3. Si vengas, tráeme el periódico.

   ....

4. Si llueve se suspendería el recital.

   ....

5. Nos gustaría que cantar en el coro del colegio.

   ....

6. ¡Quién es famoso para firmar muchos autógrafos!

   ....

29 **Completa con el conector adecuado.**

1. .... no apruebes todo, no irás de vacaciones.

2. Te acompañaré ………...................………: que me regales el último disco de Maná.

3. ...... viene, no le digas que estoy aquí.

4. Os invitaré a mi fiesta ………………………………… prometáis traer a gente divertida.

5. ………………………. me escuches, soy capaz de decírtelo cantando.

6. No creo que lo haga, pero …………. lo hiciera, no se lo perdonaría.

30 **Acentúa cuando sea necesario.**

1. pasamelo   4. verdaderamente

2. hispano-frances   5. sentia

3. ruido   6. continuais

APÉNDICE GRAMATICAL

EL PRESENTE DE SUBJUNTIVO

VERBOS REGULARES

	HABLAR	COMER	VIVIR
Yo	hable	coma	viva
Tú	hables	comas	vivas
Él / ella / usted	hable	coma	viva
Nosotros / nosotras	hablemos	comamos	vivamos
Vosotros / vosotras	habléis	comáis	viváis
Ellos / ellas / ustedes	hablen	coman	vivan

VERBOS IRREGULARES EN LAS VOCALES

Los verbos en Presente de Indicativo que son irregulares en las vocales: *e > ie, i > ie, u > ue, o > ue* tienen la misma forma irregular en el Presente de Subjuntivo:

CERRAR: c**ie**rre / c**ie**rres / c**ie**rre / cerremos / cerréis / c**ie**rren

PROBAR: pr**ue**be / pr**ue**bes / pr**ue**be / probemos / probéis / pr**ue**ben

ADQUIRIR: adqu**ie**ra / adqu**ie**ras / adqu**ie**ra / adquiramos / adquiráis / adqu**ie**ran

JUGAR: j**ue**gue / j**ue**gues / j**ue**gue / juguemos / juguéis / j**ue**guen

Como *cerrar:* acertar, comenzar, empezar, merendar, pensar, despertarse, sentarse, querer, encender, perder...

Como *probar:* acostarse, aprobar, comprobar, contar, soñar, volar, doler, soler, volver...

Los verbos con irregularidad e > i, y con la doble irregularidad e > ie, e > i y o > ue, o > u, son irregulares en todas las personas del Presente de Subjuntivo.

PEDIR: pida / pidas / pida / pidamos / pidáis / pidan

SENTIR: sienta / sientas / sienta / sintamos / sintáis / sientan

DORMIR: duerma / duermas / duerma / durmamos / durmáis / duerman

Como *pedir:* despedir, reñir, repetir, seguir, servir, reír, sonreír, vestirse...

Como *sentir:* arrepentirse, convertir, divertir, herir, mentir, preferir, sugerir...

Como *dormir:* morir.

VERBOS IRREGULARES EN LAS CONSONANTES

Los verbos irregulares en la primera persona del Presente de Indicativo son irregulares en todas las personas del Presente de Subjuntivo.

CONOCER: conozca / conozcas / conozca / conozcamos / conozcáis / conozcan

CONSTRUIR: construya / construyas / construya / construyamos / construyáis / construyan

HACER: haga / hagas / haga / hagamos / hagáis / hagan

Como *conocer:* apetecer, crecer, desaparecer, conducir, establecer, reducir, producir, nacer, obedecer, ofrecer, parecer, pertenecer…

Como *construir:* distribuir, contribuir, atribuir, huir…

Como *hacer:* tener, salir, poner, venir, decir, traer…

VERBOS COMPLETAMENTE IRREGULARES

SABER: sepa / sepas / sepa / sepamos / sepáis / sepan

IR: vaya / vayas / vaya / vayamos / vayáis / vayan

SER: sea / seas / sea / seamos / seáis / sean

HABER: haya / hayas / haya / hayamos / hayáis / hayan

VER: vea / veas / vea / veamos / veáis / vean

ESTAR*: esté / estés / esté / estemos / estéis / estén   *irregular en el acento

PRETÉRITO IMPERFECTO DE INDICATIVO

VERBOS REGULARES

	CANTAR	COMER	VIVIR
Yo	cantaba	comía	vivía
Tú	cantabas	comías	vivías
Él / ella / usted	cantaba	comía	vivía
Nosotros / nosotras	cantábamos	comíamos	vivíamos
Vosotros / vosotras	cantabais	comíais	vivíais
Ellos / ellas / ustedes	cantaban	comían	vivían

VERBOS IRREGULARES

	SER	IR	VER
Yo	era	iba	veía
Tú	eras	ibas	veías
Él / ella / usted	era	iba	veía
Nosotros / nosotras	éramos	íbamos	veíamos
Vosotros / vosotras	erais	ibais	veíais
Ellos / ellas / ustedes	eran	iban	veían

CONDICIONAL SIMPLE

VERBOS REGULARES

	CANTAR	COMER	VIVIR
Yo	cantaría	comería	viviría
Tú	cantarías	comerías	vivirías
Él / ella / usted	cantaría	comería	viviría
Nosotros / nosotras	cantaríamos	comeríamos	viviríamos
Vosotros / vosotras	cantaríais	comeríais	viviríais
Ellos / ellas / ustedes	cantarían	comerían	vivirían

VERBOS IRREGULARES

Poder: podría, podrías, podría, podríamos, podríais, podrían
Poner: pondría, pondrías, pondría, pondríamos, pondríais, pondrían
Hacer: haría, harías, haría, haríamos, haríais, harían
Tener: tendría, tendrías, tendría, tendríamos, tendríais, tendrían
Venir: vendría, vendrías, vendría, vendríamos, vendríais, vendrían
Decir: diría, dirías, diría, diríamos, diríais, dirían
Salir: saldría, saldrías, saldría, saldríamos, saldríais, saldrían
Querer: querría, querrías, querría, querríamos, querríais, querrían

EXPRESAR FINALIDAD

Con el mismo sujeto:
PARA
CON EL FIN DE
CON LA INTENCIÓN DE | + INFINITIVO
CON EL OBJETIVO DE

Ej.: *Mi madre se sienta conmigo **para ayudarme** a hacer los deberes.* → Mi madre se sienta, mi madre me ayuda.

Ej.: *Voy a colaborar con vosotros **con el fin de** ayudar a los niños.* → Yo voy a colaborar, yo voy a ayudar.

Con distinto sujeto:
PARA QUE
CON EL FIN DE QUE
CON LA INTENCIÓN DE QUE | + PRESENTE DE SUBJUNTIVO
CON EL OBJETIVO DE QUE

Ej.: *Se lo he contado **para que** se entere de la verdad.* → Yo se lo he contado, él se entere de la verdad.

Ej.: *Colabora con los niños **con el fin de que** reciban una buena educación.* → Colabora tú, los niños tengan educación.

EXPRESAR ACCIONES FUTURAS RELACIONADAS

Relacionar una acción futura con otra referida al futuro:

CUANDO
EN CUANTO | + PRESENTE DE SUBJUNTIVO | + EXPRESIÓN DE FUTURO
| | + FUTURO
| | + IMPERATIVO

Ejs.: *Cuando termine el curso… quiero hacer un viaje.*
Cuando termine el curso… voy a hacer un viaje.
Cuando termine el curso… haré un viaje.
En cuanto llegue a casa te llamaré.
En cuanto llegues a casa, llámame.

En cuanto indica que la segunda acción se hará inmediatamente después de la primera: la acción de *llamar* se hará justo después de *llegar a casa*.

SER Y ESTAR: DEFINICIÓN COLOQUIAL DE PERSONAS / EXPRESAR ESTADOS

SER + ADJETIVO / ADJETIVO SUSTANTIVADO o INTENSIFICADO

Ejs.: *Es tonto, es muy pesada…*
Es un creído, es una bocazas, es un pelota…

ESTAR + ADJETIVO DE ESTADO

Ejs.: *Está deprimido, está harta, está contenta…*
Está de buen / mal humor.

EXPRESIÓN DE SENTIMIENTOS

Con distinto sujeto:

EXPRESIÓN
| de sentimiento + QUE + PRESENTE DE SUBJUNTIVO
VERBO

Ejs.: *¡Qué bien que vengas!*
   Me molesta que vengas.

Con el mismo sujeto:

EXPRESIÓN
| de sentimiento + INFINITIVO
VERBO

Ejs.: *Me encanta pasear.*
   Yo odio ver la televisión.
   Nos preocupa llegar tarde al trabajo.
   Mis padres no soportan viajar en avión.

COMPROBAR INFORMACIÓN

Para saber si el oyente (o los oyentes) dispone ya de la información que le presentamos:
¿Sabías / sabíais que en Madrid hay una campaña para promover el reciclaje de papel?

Para responder a la comprobación de información:

- *Sí, ya lo sabía.*
- *No, no lo sabía. No tenía ni idea.*
- *Yo pensaba que era...*

PERÍFRASIS VERBALES

Para expresar las distintas fases o matices en la realización de la acción:
- **Estar a punto de** (acción muy próxima a empezar)
- **Acabar de** (acción recién terminada)
- **Dejar de** (interrupción de un proceso)
- **Volver a** (repetición o reinicio de la acción)

+ INFINITIVO

Ejs.: *Está a punto de firmar el acuerdo.*
   Acabamos de firmar el plan de acción.
   Las fábricas de esta zona han dejado de emitir gases contaminantes.
   Los ministros han vuelto a reunirse.

- **Seguir / continuar** (continuidad de una acción ya empezada) + GERUNDIO

Ejs.: *Continúan trabajando para llegar a un acuerdo.*
   Seguiremos discutiendo los plazos.

- **Seguir / continuar sin** (continuación de una acción en negativo) + INFINITIVO
Ejs.: *Siguen sin ponerse de acuerdo.*
   ¿Continuáis sin encontrar una solución?

VALORACIÓN DE UNA INFORMACIÓN

Para valorar una información en presente o futuro:

ES / ME PARECE* + ADJETIVO / NOMBRE + QUE + **PRESENTE DE SUBJUNTIVO**

Ejs.: **Me parece una injusticia que mueran** de hambre tantas personas.
   Es una pena que millones de personas **no tengan** agua potable.

Para valorar una información en pasado:

ES / ME PARECE + ADJETIVO / NOMBRE + QUE + **PRET. PERFECTO DE SUBJUNTIVO**

Ejs.: **Es una lástima que hayan desaparecido** tantas especies animales.
   Nos parece fatal que no hayan llegado a ningún acuerdo sobre energías renovables.

*Se puede usar con todos los pronombres: *me / te / le / nos / os / les parece,* pero siempre con el verbo en 3.ª persona del singular.

Con **parecer** también se puede usar **bien / mal,** pero no con *ser.* En este caso se usa el verbo *estar.*

Ejs.: **Está muy bien** que se hable de estos temas.
   Me parece muy mal que no se haya llegado a ningún acuerdo sobre salud.

Excepción:

Con adjetivos que indican certeza o mucha seguridad:

ES / ME PARECE +	verdad evidente un hecho cierto seguro obvio	*+ QUE +* **INDICATIVO**

Ejs.: **Es verdad que** la religión musulmana **no permite** comer carne de cerdo.

   Es un hecho que no se ha llegado a acuerdos en temas importantes.

Pero la negación de esta estructura es:

NO ES / ME PARECE +	verdad evidente un hecho cierto seguro obvio	*+ QUE +* **SUBJUNTIVO**

Ejs.: **No es cierto que no se haya llegado** a acuerdos importantes.

   No es verdad que en India **no se pueda** comer carne de cordero.

EXPRESAR OPINIÓN / NEGACIÓN DE LA OPINIÓN

Para expresar una opinión:

CREO
(A MÍ) ME PARECE + QUE + **INDICATIVO**
PIENSO

Ejs.: **Creo que** muchas especies animales **están** en peligro de extinción.
   A mí me parece que el clima **ha cambiado.**

Negación de la opinión:

NO CREO
(A MÍ) NO ME PARECE + QUE + **SUBJUNTIVO** (presente / pretérito perfecto)
NO PIENSO

Ejs.: **No creemos que** las serpientes **sean** buenas mascotas.

   A mí no me parece que la Tierra se **haya calentado** mucho.

En preguntas, el verbo va en indicativo: **¿No crees que se está calentando** mucho la Tierra?

DESCRIBIR OBJETOS

Es una cosa...
Es un objeto...
El llavero es...

- **TAMAÑO** → ADJETIVOS: grande, pequeño/a, estrecho/a, ancho/a...
- **FORMA** → ADJETIVOS: redondo/a, cuadrado/a, rectangular, triangular, irregular...
- **MATERIAL** → PREPOSICIÓN + NOMBRE: de plástico, de metal, de tela, de lana, de cristal...
  → ADJETIVO: metálico
- **OTRAS CARACTERÍSTICAS:** eléctrico/a, de gas, de vapor, de gasolina, de pilas, elástico/a, irrompible...

Es una cosa que...
Es un objeto que...

- **UTILIDAD** → *Sirve(n) / Se usa(n) para* + INFINITIVO: sirve para escribir, se usan para cocinar...
- **OTRAS CARACTERÍSTICAS:** tiene dos asas, con el que puedes secarte el pelo...

DESCRIBIR OBJETOS, PERSONAS Y LUGARES: ORACIONES DE RELATIVO

Sin preposición:

Verbo principal + antecedente + *que* + verbo subordinado

Es un <u>objeto</u> <u>que</u> sirve para secarse el pelo.

ANTECEDENTE + PRONOMBRE RELATIVO (sustituye al antecedente: el objeto)

Con preposición:

Yo confío en esa persona. → *Es una persona **en la que** (= persona) confío.*

Por ese lugar paso todos los días. → *Es un lugar **por el que** (= lugar) paso todos los días.*

Trabajo con esos objetos. → *Son unos objetos **con los que** (= objetos) trabajo.*

OBSERVA: Después de la preposición siempre va el artículo *(el / la / los / las)*, que concuerda con el antecedente.

Pueden usarse distintas preposiciones, dependiendo del régimen del verbo o del complemento: *a, con, contra, de, desde, en, entre, hacia, hasta, para, por, sin...*

INDICATIVO / SUBJUNTIVO EN LAS ORACIONES DE RELATIVO

- Cuando el relativo se refiere a un antecedente (objeto, lugar o persona) **conocido** (el hablante sabe que existe), se usa con **INDICATIVO:**

Es una cosa que sirve para mirarse.
Son unas personas que viven en el sexto.
Tengo un amigo con el que me llevo muy bien.
Las ciudades a las que nos dirigimos están en Europa.

- Cuando el relativo se refiere a un antecedente **no conocido** (el hablante no sabe si existe) se usa el **SUBJUNTIVO:**

Busco una persona que hable ruso.
Necesito un hotel que sea tranquilo.
¿Conocéis a alguna persona que nunca haya montado en avión?
¿Tiene / Hay algo con lo que pueda limpiarme?
Queremos un lugar en el que no haya ruido.

EXPRESAR PROBABILIDAD

seguro que a lo mejor igual supongo que seguramente	+ INDICATIVO	Seguro que viene luego. A lo mejor vamos a verte. Igual mañana llueve. Supongo que me darán las notas. Seguramente saldré esta noche.
posiblemente probablemente tal vez quizá(s)* seguramente acaso	+ INDICATIVO / SUBJUNTIVO	Posiblemente llamen / llamarán después. Probablemente iremos / vayamos mañana. Tal vez dicen /digan la verdad. Quizás voy / vaya al cine. Iré al cine, quizá. * (Cuando quizás va al final, solo con indicativo.)
es posible que es probable que puede que	+ SUBJUNTIVO	Es posible que me case. Es probable que haya guerra. Puede que te llame.

EXPRESAR CAUSA

PREGUNTAR POR LA CAUSA:

-¿Por qué...? (Pregunta directa.)
-¿Cómo es que...? (Pregunta menos directa.)
-¿Y eso...? (Coloquial; después de dar la información.)

¿Por qué no has venido?
¿Cómo es que no llamaste?
-Ayer no fui a clase.
-¿Y eso?

EXPLICAR LA CAUSA DE ALGO:

porque: expresa de forma directa la causa o razón de algo.
   Llegó tarde porque había mucho tráfico.

es que: coloquial; introduce una justificación, una excusa.
   Esta mañana no he ido a clase; es que me he dormido.

como: antepuesto; se refiere a la situación que explica o justifica la acción principal.
   Como no sabía que íbamos al cine, no me he dado prisa.

ya que / puesto que: pueden ir delante o detrás de la oración principal. Expresan una situación dada que indica la causa de algo.
   Ya que siempre soy el que llego el primero, por una vez, me esperáis.

debido a (que): formal; puede ir delante o detrás de la oración principal. Expresa una situación dada que funciona como la causa de algo.
   Estoy muy deprimida debido a que tengo problemas en el trabajo.

pues: culto.
   No pienso ir a la fiesta, pues no tengo un traje adecuado.

por: con frecuencia expresa una causa negativa. Siempre va seguido de infinitivo.
   Parece triste por tener que irse a vivir a otra ciudad.

por culpa de: expresa una causa negativa; la responsabilidad es de otro.
   Ha sido por culpa de Marta, que no me ha avisado.

lo que pasa / ha pasado / pasó es que: introduce una explicación que sirve como justificación.
   Lo que ha pasado es que no me ha sonado el despertador.

OBSERVA la ortografía: *¿Por qué?*, separado y con acento para preguntar; *porque*, junto y sin acento, para responder.

EXPRESAR CONSECUENCIA

así que:
> *No quiero salir, así que no me llames.*

por (lo) tanto: expresa consecuencia o deducción.
> *Está el suelo mojado; por lo tanto, ha llovido.*

por consiguiente:
> *No has estudiado suficiente; por consiguiente, no te puedo aprobar.*

entonces:
> *Estaba cerrado; entonces, fuimos a otro sitio.*

(y) por eso:
> *Ana está enamorada de mi novio; por eso no quiero que venga a mi fiesta.*

luego: culto.
> *Pienso, luego existo.*

de modo / manera que:
> *Este invierno ha llovido poco, de modo que en verano habrá poca agua.*

pues bien: formal; consecuencia poco esperada.
> *Sabéis que he estudiado poco; pues bien, he aprobado todo.*

conque:
> *Ya has visto demasiado la televisión, conque ponte a estudiar.*

total, que...: coloquial; como conclusión.
> *Me ha explicado todos sus problemas; total, que no quiere venir.*

EXPRESIÓN DE LA CONDICIÓN

Para expresar condiciones referidas al presente o atemporales:
> *Si* + presente de indicativo + presente de indicativo (acción posible)
> *Si te gusta la música, tú eres la persona indicada.*

Para expresar condiciones para una orden:
> *Si* + presente + imperativo (acción posible)
> *Si te interesa ir, llámame.*

Para expresar condiciones referidas al futuro:
> *Si* + presente + futuro imperfecto (acción posible)
> *Si quieres venir al concierto, te llamaré la semana que viene.*
> *Si* + imperfecto de subjuntivo + condicional (acción poco probable o imposible)
> *Si tú quisieras, yo te haría muy feliz.*

¡OJO! El *si* condicional NO puede ir seguido de: futuro, condicional, presente de subjuntivo o pretérito perfecto de subjuntivo.

OTROS NEXOS CONDICIONALES

Expresar la condición como imprescindible:

siempre que		*Te invito siempre que vayas tú a buscar las entradas.*
siempre y cuando	+ SUBJUNTIVO	*Yo te dejo mi móvil siempre y cuando no gastes el saldo.*
a condición de que		*Yo te hago el favor a condición de que tú me hagas otro.*
con una condición: que		*Voy con una condición: que me vengas a buscar.*

Expresar la condición con conformidad:

con tal de que   *Con tal de que te calles, soy capaz de darte lo que quieras.*

Expresar la condición como amenaza, advertencia o deseo:

como + SUBJUNTIVO   *Como llegues tarde, mañana no sales.*

A veces, el hablante no menciona la conclusión posible de la condición, dejándole al oyente la tarea de imaginar qué ocurriría.

Ej.: *Como se entere el jefe...*

Estos nexos sí pueden ir con Presente y Pretérito Perfecto de Subjuntivo (condición referida al pasado). NO pueden ir seguidos de Futuro o Condicional.

PRETÉRITO PERFECTO DE SUBJUNTIVO

VERBOS REGULARES

	HABLAR	COMER	VIVIR
Yo	haya hablado	haya comido	haya vivido
Tú	hayas hablado	hayas comido	hayas vivido
Él / ella / usted	haya hablado	haya comido	haya vivido
Nosotros / nosotras	hayamos hablado	hayamos comido	hayamos vivido
Vosotros / vosotras	hayáis hablado	hayáis comido	hayáis vivido
Ellos / ellas / ustedes	hayan hablado	hayan comido	hayan vivido

PARTICIPIOS IRREGULARES

Abrir: abierto	Poner: puesto
Cubrir: cubierto	Resolver: resuelto
Decir: dicho	Romper: roto
Escribir: escrito	Satisfacer: satisfecho
Hacer: hecho	Ver: visto
Morir: muerto	Volver: vuelto

Usos:

Su valor básico es señalar una acción pasada en relación con el momento en que se dice algo.

Puede ir acompañado de los siguientes tiempos verbales:

a) Presente de Indicativo

  *¡Me alegro mucho de que **hayáis hecho** buen viaje!*

  *Es una vergüenza que no **hayan dicho** nada a su favor.*

b) Pretérito Perfecto Compuesto de Indicativo

  *Me ha sorprendido que **hayas reaccionado** de esa manera.*

  *No le ha gustado que yo **haya llegado** tarde.*

También sirve para expresar un deseo referido a una acción o hecho en el pasado cercano.

  *¡Ojalá María **haya aprobado** el examen!*

PRETÉRITO IMPERFECTO DE SUBJUNTIVO

	HABLAR	COMER	VIVIR
Yo	hablara / hablase	comiera / comiese	viviera / viviese
Tú	hablaras / hablases	comieras / comieses	vivieras / vivieses
Él / ella / usted	hablara / hablase	comiera / comiese	viviera / viviese
Nosotros / nosotras	habláramos / hablásemos	comiéramos / comiésemos	viviéramos / viviésemos
Vosotros / vosotras	hablarais / hablaseis	comierais / comieseis	vivierais / vivieseis
Ellos / ellas / ustedes	hablaran / hablasen	comieran / comiesen	vivieran / viviesen

- El Imperfecto de Subjuntivo se forma a partir de la 3.ª persona del plural del Pretérito Perfecto Simple:

  hablaron → habla-ra o habla-se

- Es el único tiempo del español que tiene dos formas, que se pueden usar indistintamente. Excepción: en la petición de cortesía, se usa la forma *quisiera* y no *quisiese*.

Poder: pudiera / pudiese.	**Andar:** anduviera / anduviese.
Haber: hubiera / hubiese.	**Dar:** diera / diese.
Poner: pusiera / pusiese.	**Decir:** dijera / dijese.
Hacer: hiciera / hiciese.	**Traer:** trajera / trajese.
Tener: tuviera / tuviese.	**Conducir** (y los demás verbos en -ducir): condujera / condujese.
Estar: estuviera / estuviese.	**Dormir / Morir:** durmiera / durmiese; muriera / muriese
Saber: supiera / supiese.	**Pedir (y todos los que cambian la -e en -i en las 3.ᵃˢ**
Ser/Ir: fuera / fuese.	**personas del pretérito perfecto simple de indicativo):**
Venir: viniera / viniese.	pidiera / pidiese.
Querer: quisiera / quisiese.	

Usos:

1. Puede aparecer dependiendo de otro verbo en Pasado de Indicativo:

Ejs.: *Me pidió que **viniera** a las 9 h.*

*Me ha dicho que le **llamase.***

En estos casos el verbo principal está en pasado y el Imperfecto de Subjuntivo es un futuro de ese pasado.

2. Puede expresar con relación al hablante una acción pasada, presente o futura:

Ejs.: *Dudaba que fuera capaz de hacerlo, pero lo hizo.* (pasado)

*¡Ojalá **pudiéramos** trabajar menos!* (presente)

*¡Ojalá **vinieses** con nosotros al teatro mañana!* (futuro)

3. En oraciones condicionales, expresa una condición poco probable:

Ejs.: *Si **durmiesen** más, estarían menos cansados.*

TRANSMITIR UNA INFORMACIÓN

MENSAJE ORIGINAL	PRESENTE O PASADO RELACIONADO CON EL PRESENTE Dice / Ha dicho que...	PASADO ALEJADO DEL PRESENTE Dijo / Decía que...
Presente *Ana es muy simpática.*	**Presente** *es muy simpática.*	**Presente* / Imperfecto** *es / era muy simpática.*
Pretérito Perfecto Compuesto / Simple *Ha llamado Mario.* *Llamó Mario.*	**Pretérito Perfecto Compuesto / Simple** *ha llamado Mario.* *llamó Mario.*	**Pretérito Pluscuamperfecto** *había llamado Mario.*
Pretérito Imperfecto *Era muy mayor.*	**Pretérito Imperfecto** *era muy mayor.*	**Pretérito Imperfecto** *era muy mayor.*
Pretérito Pluscuamperfecto *Había sido él.*	**Pretérito Pluscuamperfecto** *había sido él.*	**Pretérito Pluscuamperfecto** *había sido él.*
Futuro Simple *Te llamaré mañana.*	**Futuro Simple** *me llamará mañana.*	**Condicional Simple** *me llamaría al día siguiente / hoy.*
Imperativo *Llámame mañana.*	**Presente de Subjuntivo** *lo llames mañana.*	**Pret. Imperfecto de Subjuntivo** *lo llamaras al día siguiente / hoy.*
Presente de Subjuntivo *Que te diviertas.*	**Presente de Subjuntivo** *que me divierta.*	**Pret. Imperfecto de Subjuntivo** *que me divirtiera.*

*Se mantiene el presente cuando la información que se transmite sigue siendo válida en el momento de la transmisión del mensaje.

ORACIONES SUBORDINADAS CONCESIVAS

Presentan una limitación o un impedimento para que se cumpla la acción principal, pero no impiden que esta se realice.

Ej.: *Aunque hace mal tiempo* (problema, impedimento), *voy a salir* (la acción se realiza).

• Con indicativo: el hablante presenta una información cierta (sabe que es verdad).

Ejs.: *Aunque hace mal tiempo, vamos de excursión* (sabemos que hace mal tiempo, es un hecho).

Aunque has hecho todos los deberes, no puedes salir.

• Con subjuntivo: o bien el hablante no sabe si la información es cierta, o bien la información es conocida por el hablante y el oyente pero no importa si es verdad o no para la realización de la acción principal.

Ejs.: *Aunque haga mal tiempo, vamos de excursión* (no sabemos si hace mal tiempo o no es importante si lo hace o no).

Aunque hayas hecho todos los deberes, no puedes salir.

¡Ojo! Cuando la acción se sitúa en el futuro, y la información no es segura, se usa siempre subjuntivo:

Ej.: *Aunque llueva, iremos de excursión* (no sabemos si lloverá o no. No es posible: *Aunque llueve...*)

Otros nexos:

• **a pesar de que** + indicativo / subjuntivo: *A pesar de que es / sea tarde, voy a salir.*
• **a pesar de** + infinitivo: *A pesar de estar tan cansada, sigue trabajando.*
• **por más que** + indicativo / subjuntivo: *Por más que lo intenta / intente, no aprueba.*
• **por mucho / poco** que + subjuntivo: *Por mucho que estudie, no aprueba.*

EXPRESAR CONFORMIDAD O ACEPTACIÓN

Se puede aceptar una proposición con condiciones:

–*¿Por qué no vas al gimnasio esta tarde?*
–*Bien, yo voy si tú vienes conmigo.*
–*¿Te apetece ir al cine?*
–*Vamos al cine con una condición: que saques tú las entradas.*

O bien aceptarla sin condiciones, expresando conformidad:

Vamos...   donde tú digas / usted diga.
cuando a ti te parezca / a usted le parezca.
como vosotros elijáis / ustedes elijan.
donde él prefiera / ellos prefieran
para lo que tú quieras / usted quiera...

EXPRESAR DESEOS

Algunas formas de expresar deseos:

Quiero ir a la luna.
Quiero que no haya guerras.
Deseo que haya paz en el mundo.
Espero que seas feliz.

Para expresar deseos menos probables:

Me gustaría / Me encantaría / Desearía + Infinitivo
Me gustaría / Me encantaría / Desearía que + Imperfecto de Subjuntivo

Me encantaría ir a la Luna.
Me gustaría que no hubiera guerras.
Desearíamos que los niños fueran felices.

Para expresar deseos imposibles:

Ojalá + Imperfecto de Subjuntivo
Quién + Imperfecto de Subjuntivo

¡Ojalá supiéramos tocar algún instrumento!
¡Quién tuviera dinero para asistir a todos los conciertos!

FÓRMULAS DE EXPRESIÓN DE DESEO:

(Espero / Deseo…)

¡Que te diviertas / os divirtáis!
¡Que te mejores / os mejoréis!
¡Que tengas / tengáis suerte!
¡Que te vaya / os vaya bien!
¡Que aproveche!

¡Que lo pases / paséis bien!
¡Que duermas / durmáis bien!
¡Que descanses / descanséis!
¡Que tengas / tengáis buen viaje!
¡Que no sea nada!

LECCIÓN 1

Ejercicio 3

Gabriel: Oye, Juan, me he enterado de que estáis organizando una fiesta en el instituto.

Juan: Sí, porque queremos recaudar dinero para colaborar con una asociación del barrio. Además, así también nos divertimos.

Gabriel: Ah, ¡qué guay! ¿Y qué actividades habéis pensado hacer para sacar dinero?

Juan: Pues mira, lo primero será vender entradas para la fiesta. Con eso obtendremos bastante dinero. Después vamos a vender en la fiesta algunos cuadros que hemos pintado nosotros. Por supuesto, también habrá que pagar la bebida y la comida, que van a preparar los profesores y los padres de los alumnos. Además, durante la fiesta la gente podrá comprar entradas para la representación teatral de la semana que viene.

Gabriel: ¿Y habrá música o algún concierto?

Juan: Claro, hombre, sin música ¡qué rollo de fiesta!, ¿no? Primero va a tocar un grupo formado por antiguos alumnos del instituto, y cuando acabe el concierto pondremos música para que la gente baile.

Gabriel: Huy, ¡qué divertido! Oye, y ¿para qué vais a utilizar el dinero?

Juan: Vamos a donar el dinero a una asociación de ayuda a los pobres del barrio. Esta asociación trabaja para que todo el mundo tenga una casa, para que todos los vecinos puedan comer todos los días, para que los niños puedan ir al colegio y para que no estén siempre en la calle.

Gabriel: ¡Qué maravilla! La verdad es que me gustaría ayudaros a organizar todo esto.

Juan: ¡Qué bien!

Ejercicio 3.2

(Se repite la audición anterior.)

Ejercicio 10

Mirad, en el español hay cinco vocales: A, E, I, O, U, pero no se pronuncian todas igual; en unas abrimos más la boca cuando las pronunciamos, como en la A, en la E y en la O. Sin embargo, mirad cómo se cierra la boca cuando pronunciamos la I y la U... Entonces las vocales abiertas son... y las cerradas son...

Ejercicio 12

salió, euro, farmacéutica, Suárez, fuera, bailar, cuéntame, también, oigo, prohibido, cuidad, náutico, jerséis, contáis, contabais, lingüística, cigüeña, averigüéis

Ejercicio 14

averiguáis, cambiáis, Paraguay, situáis, guau

Ejercicio 21.3

Y mientras decía esto, la pobre lecherita tropezó con una piedra y se cayó al suelo, y se derramó toda la leche del cántaro.

MORALEJA: no te ilusiones con lo que aún no tienes.

Ejercicio 25

¿Qué vais a hacer mañana?

1. Yo, cuando me despierte, apagaré el despertador y me quedaré en la cama toda la mañana.

2. Yo primero tengo que ayudar a mi madre, pero en cuanto termine, voy a jugar al tenis.

3. Yo tengo que estudiar, pero cuando acabe voy a ir al cine.

4. Yo voy a salir con mis amigos en cuanto me llamen y me digan lo que vamos a hacer.

Ejercicio 25.1

(Se repite la audición anterior.)

LECCIÓN 2

Ejercicio 3.1

A.

–Pedro, estás distraído, ¡no te estás enterando de nada!

–Lo siento, es que tengo un hambre...

–¿No has desayunado?

–No. Me levanto tarde y apenas tengo tiempo de comer nada.

–Pues deberías desayunar bien para poder prestar atención en clase.

B.

–Ana, otra vez te has vuelto a quedar dormida.

–Es que no ha sonado el despertador...

–Sí que ha sonado, pero lo has apagado y has seguido durmiendo...

–¿Y qué quieres que haga?

–Yo, en tu lugar, me acostaría más temprano.

C.

–Mira, Pedro, ahí está Ana. Habla con ella.

–Ya, Mario... Yo hablaría con ella, pero es que me siento un poco... ya sabes...

–Sí, fuera de forma... Yo, que tú, comía menos y hacía un poco de deporte, porque últimamente...

–Sí, no me lo recuerdes, con tantos exámenes..., la verdad es que me he movido poco.

Ejercicio 5

–Hola, Ana, ¿has hablado con Pedro y Mario?

–No, iba a hacerlo ahora mismo, pero he tenido que ayudar a mi hermano.

–¿Sabes entonces si vienen al cine? Estaba a punto de preguntarle a Mario cuando entró la profesora.

–No lo sé. Yo que tú les daba un telefonazo. ¿Te has fijado en Pedro? Está un poco raro últimamente.

–Sí, parece algo cansado... no le veo muy animado estos días. Yo hablaría con él... y me enteraría de lo que le pasa.

Ejercicio 12

1. Ayer, cuando abría la boca para comerme un pastel, sonó el despertador.

2. Antes, cuando me llevaba una cucharada de lentejas a la boca, un compañero me empujó y se me cayó.

3. Esta mañana, cuando iba a invitar a Ana a salir conmigo, llegó su padre.

4. Cuando estaba a punto de resolver el problema de matemáticas... se acabó el tiempo.

Ejercicio 14

león, creó, reactor, traed, leer, país, caos, recreo, río, María, búho, pelea, línea, héroe, créeme, hojeábamos, hórreo, petróleo

Ejercicio 16

leer, vivienda, adiós, caótico, país, recreo, protección, voluntario, náutico, estropear, asistencia, reír, bebéis, idea, gratuita, María, traed, Suárez, baúl, bailabais

Ejercicio 21

La paella es un plato típico de Valencia. A continuación, os vamos a contar cómo se prepara.

Pelamos los tomates, los ajos y las cebollas; estas, una vez peladas, las cortamos muy finas. Después troceamos también la carne. Limpiamos, lavamos y troceamos también los pimientos. Al final, lavamos muy bien las cigalas, limpiamos los mejillones y pelamos las gambas.

Una vez caliente el aceite en la paellera, freímos los tomates, los ajos, las cebollas y los pimientos. Se añade la carne y, cuando esté frita, añadimos los mejillones. Una vez rehogados todos los ingredientes añadimos el agua, y cuando comience a hervir se echa el arroz junto con las gambas ya peladas. Para finalizar, un poquito de sal y azafrán.

La tortilla de patata es un plato característico de la cocina española. Se necesitan cuatro patatas grandes, seis huevos, un pimiento verde y una cebolla.

Se pelan las patatas y se trocean muy, muy finas; a continuación, se pela la cebolla y se pica y, por último, se trocea el pimiento.

Se rehoga todo junto en una sartén con abundante aceite y se echa la sal. Cuando esté todo muy rehogado, se baten los huevos. En los huevos batidos se echa el contenido de la sartén.

En otra sartén se calienta un poco de aceite para cuajar la mezcla resultante. Dar la vuelta a la tortilla es todo un arte. Se necesita un plato hondo y grande para cubrir bien la sartén y poder así, sin riesgo, voltear la tortilla para cuajarla por el otro lado.

¡Buen provecho!

Ejercicio 32

camaleón, crear, creía, Mahón, caerse, truhán, caloría, moría, rehogar, caótico, pelear, meón

LECCIÓN 3

Ejercicio 3

Pedro: ¿Qué te pasa?

Pablo: Lo estoy pasando fatal. Nadie me hace caso, a nadie le importo. Dicen que soy un empollón y que siempre estoy haciendo la pelota al jefe... Me molesta que se metan siempre conmigo.

Pedro: No te preocupes, hombre.

Pablo: Claro que me preocupo; estoy harto de que todo me vaya mal.

María: ¡Qué pesado es Antonio! No para de hablar y además se cree muy listo.

Marta: Pues a mí me parece un tipo encantador. Me llevo muy bien con él; me cae muy bien.

María: ¿Y qué me dices de su novia? Es una creída, se cree la más guapa del mundo.

Marta: Anda, María, no seas tan cotilla. Además, eres una bocazas porque la novia de Antonio está justo detrás de ti.

María: Siempre estoy metiendo la pata.

Ejercicio 4

Paco: Hoy me voy a una fiesta.

Javier: Me voy a casa. Creo que tengo gripe.

Paula: Estoy cansadísima. Me voy a acostar.

Laura: Me voy a clase corriendo. Tengo el examen final de matemáticas.

Ejercicio 14

1. Tú me has dicho que tu hermana está enferma.

2. No sé si lo sabe. Yo no se lo he dicho todavía.

3. ¿Quieres que te lleve a tu casa? Sí, muchas gracias.

4. ¿Qué vas a decirle a mi hermana?

Ejercicio 30

1. Estoy solo.

2. Sí, claro que me gusta.

3. Él no me conoce a mí.

4. ¿Cómo te gusta el té?

5. ¡Qué me dices! Eso es imposible.

6. Solo bebo café, es lo único que me gusta.

LECCIÓN 4

Ejercicio 3

Noticias del mundo. Sección internacional.

Volvemos a conectar con nuestro enviado especial en la cumbre de la Tierra.

Presentador: Buenas tardes, ¿ha terminado ya la cumbre de la Tierra? ¿Cuáles son las primeras impresiones?

Enviado especial: La cumbre acaba de clausurarse y las primeras impresiones que tenemos no son tan pesimistas como se esperaba.

P.: ¿Han hecho alguna declaración las ONG?

E.: Sí, por ejemplo Greenpeace ha señalado que es positivo que por fin se haya hablado de los problemas del medio ambiente, entre ellos, el calentamiento de la Tierra a causa del efecto invernadero, las consecuencias de la lluvia ácida y la desertización de amplias zonas del planeta, pero de todos modos aún cree que hay muchas cosas por hacer.

P.: ¿Tienes alguna declaración del secretario de la ONU?

E.: Sí. El secretario de la ONU dice que es impresionante que ya se hable de desarrollo sostenible y que se inicien acciones concretas para detener el deterioro del planeta. Es una realidad que los recursos naturales siguen agotándose y hay que hacer algo. Cada vez son más preocupantes los agujeros en la capa de ozono debido a la emisión de gases tóxicos a la atmósfera. No obstante, cree que esta cumbre supondrá un cambio auténtico en esta cuestión.

P.: ¿Y qué se piensa en Europa?

E.: Para el presidente de la Unión Europea es lamentable que no se haya llegado a acuerdos sobre energías renovables, pero considera importante que se hayan comprometido a proporcionar agua potable a muchas personas y considera muy favorable que se haya hablado de las industrias que con sus productos contaminan el medio ambiente.

Ejercicio 4

(Se repite la audición anterior.)

Ejercicio 5

–¿Sabíais que hay seis millones de niños que mueren por falta de alimentos cada año?

–No, no lo sabía.

–Ni yo... No tenía ni idea.

–Yo sabía que morían muchos niños, pero no pensaba que eran tantos.

Ejercicio 10.1

1. –¿Sabíais que hay un enorme agujero en la capa de ozono?

 –No, no teníamos ni idea.

2. Es importante que los gobiernos incentiven el reciclado de la basura.

3. No es cierto que yo no recicle la basura.

4. ¡Qué bien que el gobierno haya votado esta mañana en contra de la caza de focas!

LECCIÓN 5

Ejercicio 3

Marta: Se me han perdido las gafas. No las encuentro por ningún sitio.

Luis: ¿Otra vez? ¡Qué día llevas...! Se te pierde todo; eres un desastre. A ver... seguramente las tienes en el bolsillo de la cazadora o en la mochila.

Marta: Que no, que ya las he buscado bien.

Luis: Vamos a ver... ¿Cómo son las gafas?

Marta: Pues son las gafas que utilizo habitualmente, son de sol, con los cristales marrones, redondos y pequeños, de montura metálica y con un cordón para que no se me pierdan.

Ejercicio 3.1

(Se repite la audición anterior.)

Ejercicio 4

Lucía: ¡Qué bonita es tu habitación! ¡Y cuántas cosas tienes...! Yo es que soy un desastre, se me pierde todo... Y lo que no se me pierde se me rompe.

Ana: Bueno... La verdad es que yo soy muy cuidadosa y todo lo guardo.

Lucía: Oye, Ana, ¿me prestas unos pendientes para mañana?

Ya sabes, es mi cumpleaños y me apetece variar. Te los devuelvo, sin falta, pasado mañana.

Ana: Sí, claro, ¡qué remedio! ¡Anda, elige! ¿Cuáles prefieres?

Lucía: Pues no sé... unos que me vayan bien con el jersey azul... y que no sean muy grandes. Estos de aro me gustan. ¡Son preciosos! ¡A ver qué tal me quedan!

Ana: Te ayudo. ¡Cuidado!

Lucía: ¿Ves lo que te decía? Se ha doblado uno. Lo siento, ha sido sin querer.

Ana: Bueno, anda, trae aquí. Vamos a intentar arreglarlo.

Ejercicio 5

1.

Es un objeto pequeño que puede ser de diferentes materiales, pero lo normal es que sea de piel. Suele ser cuadrado o rectangular y de varios colores: negro, marrón, azul... Tiene distintos compartimentos para guardar monedas, billetes o tarjetas. En general se lleva en el bolso.

2.

Es una prenda de vestir de lana, de tela o de piel. Suele ser de uno o de varios colores. No es ni grande ni pequeño y tiene cinco partes separadas. Se utilizan para dar calor. Siempre va con su pareja, que no es igual, sino complementaria.

3.

Es un complemento que suele ser redondo. Por lo general es de oro o plata, pero también puede ser de plástico y de vivos colores. Se lleva en la muñeca y se utiliza como adorno.

Ejercicio 8

Chicas, ya sé qué le vamos a regalar a Lucía. Nosotras queremos algo que sea barato, bonito, que no cueste mucho dinero y que al mismo tiempo sea práctico, ¿no? Pues tengo la solución. Esta mañana ha estado Lucía en mi casa y me ha pedido que le preste unos pendientes que le vayan bien con su jersey azul. Y eso es justo lo que necesitamos: es una cosa barata, bonita, que no cuesta mucho y, al mismo tiempo, es práctica y le va a hacer mucha ilusión. Es la solución perfecta. ¿Qué os parece?

Ejercicio 14

1. Los amigos de Lucía, que estudian conmigo, son muy simpáticos.
2. Los amigos de Lucía que estudian conmigo son muy simpáticos.
3. Los árboles del parque que han podado esta mañana eran acacias centenarias.
4. Los árboles del parque, que han podado esta mañana, eran acacias centenarias.

Ejercicio 24

1. Los cuadernos de dos rayas que están en la estantería son míos.
2. Los libros de matemáticas, que pedí el mes pasado, acaban de llegar.
3. Las viviendas de ladrillo rojo, que construyeron al final de la calle, se han vendido todas.
4. Los plátanos que traje esta mañana están muy maduros.
5. El actor francés que sale al final de la película es mi favorito.
6. La tarjeta de flores, que te enseñé esta mañana, me la mandó Luis.

Ejercicio 30

Querida abuela:

Ante todo, muchas gracias por tu regalo; me ha hecho mucha ilusión. Además, era justo lo que necesitaba, porque tenía otros guantes, pero se me perdió uno el mes pasado.

Me han regalado muchas cosas: unos pendientes, horquillas, un libro, un disco y algún regalo más que no recuerdo.

Todo va bien; sin embargo, últimamente estoy teniendo mala suerte; todo lo pierdo sin que-

rer. Mamá me dijo el otro día: "Hija mía, eres un desastre", y la verdad es que tiene razón. No sé qué hacer. ¿Se te ocurre algo? Te escribiré, sin falta, la próxima semana. Cuídate y un beso muy fuerte,

Lucía

LECCIÓN 6

Ejercicio 3

1.
-¿Diga?
-Buenos días. ¿Se puede poner la Sra. Álvarez, por favor?
-Sí, soy yo. ¿De parte de quién?
-Soy el doctor Ibáñez. La llamaba para confirmar la cita de hoy.

2.
-¿Sí?
-Hola, ¿está Alberto, por favor?
-Sí, pero en este momento no puede ponerse. Es que se está duchando. ¿Quieres dejarle algún recado?
-Sí, que me llame; soy Luis.
-Ya se lo digo.
-Gracias, adiós.

3.
-¿Dígame?
-Buenas noches, ¿está Marta, por favor?
-Sí, un momento, ahora se pone. ¿De parte de quién?
-De Luis.

4.
-¿Sí?
-Hola, ¿qué tal?
-Bien, ¿y tú?
-Te llamo para decirte que mañana no tenemos clase a primera hora. Llama tú a Jaime Sánchez para decírselo, ¿vale?
-Muy bien. Yo le llamo. Hasta mañana.

Ejercicio 5

1. Ha llamado tu hermano y ha dicho que le llames.
2. Ha llamado Juan y ha dicho que habéis quedado a las 9 h., en la puerta del colegio.
3. Ha llamado Ana y ha dicho que vayas a verla.

4. Pablo ha dicho que si le puedes dejar los apuntes de matemáticas.
5. He hablado con la abuela y ha dicho que la contestes pronto.
6. Tu padre ha dicho que esta tarde va a traer unas entradas para ir al cine mañana.
7. He hablado con tus primos y me han dicho que qué vas a hacer mañana.

Ejercicio 9

¿A qué te dedicas?
¿Qué edad tienes?
¿Tienes perro o gato?
¿Cómo se llama?
¿Cuántos años tiene?
¿De qué raza es?

Ejercicio 12

1. Un autor anónimo dijo que el que sabe ganar amigos sabe ganarlo todo.
2. Gandhi dijo que el que retiene algo que no necesita actúa como un ladrón.
3. Aristóteles dijo que no se puede desatar un nudo sin saber cómo está hecho.
4. Un autor anónimo dijo que no se sale adelante celebrando el éxito, sino superando fracasos.

Ejercicio 26.1

Hola, Eva.

Me ha extrañado tu nota de antes y, puesto que no entendía tu decisión, he decidido hablar con tus amigas. ¿Cómo es que me dices que estás muy ocupada y que tienes que estudiar, si tus amigas me han contado que no me quieres ver porque te gusta otro chico? Sabes que a mí me gustan las cosas claras; así que me gustaría hablar contigo mañana mismo. Sé que no vas a querer ponerte al teléfono, porque eres muy cabezota, por eso te mando este correo.

Mañana te espero en el recreo.

Luis

Ejercicio 3

Tenemos en directo al admirador ofendido. Adelante con la entrevista...

Entrevistador: Así que usted asegura que ayer tuvo un incidente con el último premio Órbita, Julián Llanos. ¿Puede contarnos lo que pasó?

Admirador: Pues sí. Resulta que ayer, después de la ceremonia de los premios, me acerqué a él para felicitarlo y pedirle un autógrafo. Entonces él me insultó, me dijo que él no había ganado un premio tan importante para soportar a pesados como yo, y que desapareciera de su vista. Luego me dio un empujón y casi me tiró al suelo.

Entrevistador: Bueno, hay que comprenderle; es un personaje muy conocido, estaba cansado, era muy tarde...

Admirador: Sí, pero a pesar de todo no le puedo justificar. Además, yo era un fiel seguidor y lector de su obra: tenía ejemplares de todos los géneros que ha cultivado, de todos sus poemas, de todos sus ensayos; había grabado todas sus entrevistas en radio y televisión... Pero ahora, después de esto, he decidido tirarlo todo a la basura.

Entrevistador: Pero ¿no puede perdonarle o, al menos, disculparle? Piense en su fama, en su prestigio...

Admirador: Pues aunque me pida perdón de rodillas y aunque es para mí el mejor escritor del mundo, yo no le voy a perdonar. Y no quiero saber nada más de él.

Ejercicio 4

Continuamos con la entrevista al nuevo premio Órbita, el famoso escritor Julián Llanos.

Entrevistador: ...Y por último, don Julián, queríamos preguntarle por el incidente que tuvo anteayer con un admirador.

Julián Llanos: Bueno, fue un pequeño suceso sin importancia... La gente..., que no tiene respeto ni educación. El caso es que, cuando ya me iba, me cortó el paso un tipo que me pedía a gritos un autógrafo... ¡Casi me deja sordo y estuvo a punto de meterme el bolígrafo en el ojo! Además, no me dejaba pasar y, con tanta insistencia, casi me tira al suelo.

Entrevistador: Por lo visto su versión es un poco diferente; esta persona afirmó que usted le había insultado y que le pidió que se fuera.

Julián Llanos: Ya sabe usted que cada uno cuenta las historias a su manera...Pero yo no lo insulté ni le pedí que se fuera. Solamente le pedí que me dejara pasar. Nada más.

Entrevistador: De cualquier modo, su intención era buena, era un admirador suyo..., pero ahora se siente muy ofendido. ¿No le gustaría hacer las paces con él?

Julián Llanos: Mire, aunque su intención haya sido buena, aunque sea el mejor lector de mi obra, aunque se considere mi fan número uno, no pienso hacer las paces con él. Yo no tengo nada que hablar con ese señor ni con usted. ¡Ya se ha acabado la entrevista! ¡Y ya está bien! ¿Qué se ha creído usted?

Ejercicio 6

Ayer el famoso escritor Julián Llanos reconoció que se había equivocado y que no se había comportado correctamente. Admitió que estaba muy nervioso y cansado aquel día. Aseguró también que la semana próxima llamaría personalmente al admirador ofendido y que le invitaría a su casa para hacer las paces.

Ejercicio 11

1. Es una película de acción.
2. La dirección de la película es excelente.
3. Hay una gran afición al fútbol en España.
4. No puedo poner ninguna objeción al argumento de esa novela.
5. La traducción de ese libro de poemas no es muy buena.
6. Este periódico tiene una sección literaria los jueves.
7. La película ha sido seleccionada en el festival de cine de San Sebastián.
8. Ayer ocurrió un triste suceso después de la entrega de los premios.

Ejercicio 13

colección, inspector, cocción, introducción, emoción, acceder, ascensor, opción

Ejercicio 21.2

Declaración de Margarita Paciente, su mujer: Me dijo que tenía una reunión con su editor en Barcelona y que pasaría dos días fuera. También me dijo que no lo llamara porque estaría muy ocupado, y que ya lo haría él.

Declaración de Emilio Libreros, su editor: Me dijo que le había dicho a su mujer que estaba en Barcelona conmigo, y que, si llamaba, le dijera que había llegado el lunes por la noche y que iba a estar dos días aquí.

Declaración de Luis Lumbreras, su representante: Me dijo que se iba a ir dos días a descansar y a olvidarse de todo, que este premio le había dejado agotado y que no quería ver a nadie. Que ya me llamaría.

Declaración de Rosa Flores, su secretaria: Me pidió que llamara a la agencia de viajes y que reservara una habitación doble en algún hotel tranquilo de montaña o en un balneario y me pidió que no le dijera a nadie dónde estaba.

Ejercicio 3

Telefonista: Festimúsica, reserva de entradas, ¿dígame?

Cliente: Mire, quería preguntarle por la ópera que ponen en el Auditorio. ¿Quién es el tenor? ¿Y la soprano? ¿Y sabe quién es el director? ¿Y el compositor de la obra?

Telefonista: Lo siento, yo no sé nada, si tiene interés le doy el teléfono de información y pregunta allí.

Cliente: Bueno, ya preguntaré... ¿Les quedan localidades en el patio de butacas? Si tuvieran, me gustaría reservar tres para este viernes...

Telefonista: Lo siento, pero están casi todas vendidas. Si tiene mucho interés le puedo ofrecer tres en la última fila, pero su visibilidad no es muy buena.

Cliente: O sea, que no se ve nada. Pues si no se ve nada... ¿Le queda algún palco?

Telefonista: Quedan dos localidades en un lateral, siempre y cuando esté dispuesto a apretarse un poco...

Cliente: ¡Qué mal! ¿Y en el anfiteatro?

Telefonista: Quedan algunas en las filas del fondo... ¿Quiere que se las reserve?

Cliente: Depende. ¿Se ve bien el escenario? ¿Y qué tal se oye?

Telefonista: Bueno..., no está mal, la audición es buena...

Cliente: ¡Mire que como no se vea y oiga bien pido la devolución del dinero...!

Telefonista: Bueno, ¿se las reservo o no? Tengo a varias personas esperando en la otra línea.

Cliente: Bien, tres para el viernes.

Telefonista: De acuerdo, deme sus datos...

(...)

Telefonista: Muy bien, ya está hecha la reserva: tres entradas para el viernes a las 22:00 h. Le recuerdo que si no llegan puntuales no podrán entrar hasta la segunda parte.

Cliente: Señorita, ¿tengo que recoger las entradas con mucha antelación?

Telefonista: No, no hay ningún problema, siempre y cuando esté aquí una hora antes del comienzo.

Cliente: Si quisiera anular la reserva me devolverían el dinero, ¿no? ¿Y si...? ¡Oiga, oiga, no cuelgue...!

(Clic.)

Telefonista: ¡No puedo más! ¡Qué señor...!

Compañera: Oye, ¿con quién hablabas tanto tiempo?

Telefonista: Con un señor... ¡pesadísimo!

Ejercicio 3.1

(Se repite la audición anterior.)

Ejercicio 6

Pedro: ¿Habéis visto qué bien está el programa de Festimusic este verano? Me encantaría ir a algunos conciertos, si tuviese dinero, claro...

Mario: A mí me pasa lo mismo. ¡Quién fuera rico...!

Ana: Venga, no os quejéis más... Si no tenéis dinero, podéis ir a algunos conciertos que son gratis. Aunque, la verdad, a mí me gustaría que formáramos un grupo. Tú, Pedro, tocas bastante bien la guitarra, y tú, Mario, has compuesto algunas canciones... Yo toco un poco el piano...

Pedro: Me parece muy buena idea. También podemos poner un anuncio en el tablón a ver quién se apunta. ¡Ojalá nos contestara alguien!

Ejercicio 8.1

1. -¿Por qué no vamos al maratón de rock?

-Sí, pero como no saquemos pronto las entradas nos vamos a quedar sin ellas.

2. -¿Me prestas este disco?

-Sí, te presto ese disco con una condición: que me lo devuelvas.

3. Desde esa localidad no se ve bien el escenario, pero yo, con tal de que se oiga bien, me conformo.

4. -Anda, invítame al recital.

-De acuerdo, yo te invito al recital de jazz siempre y cuando tú me invites después a cenar.

Ejercicio 10

1. museo
2. vivía
3. aéreo
4. viuda
5. reír
6. averiguamos
7. podéis
8. confiéis
9. pudierais
10. Uruguay

Ejercicio 13

1. actuación
2. ficción
3. afición
4. atracción
5. redacción
6. producción
7. atractivo
8. actriz

GLOSARIO

Este GLOSARIO traducido recoge alfabéticamente el vocabulario que los alumnos deben conocer al final del curso. Se han añadido aquellos vocablos relacionados con el campo semántico de cada lección, diferenciándose tipográficamente con otro color. Al final del mismo se incluyen, por lecciones, los Giros y Expresiones estudiados en cada función comunicativa, añadiendo otros que pueden resultar de gran ayuda para el estudiante.

ESPAÑOL	INGLÉS	FRANCÉS	ALEMÁN	ITALIANO
A				
abeja	bee	abeille	Biene	ape
abrelatas	can opener	ouvre-boîte	Dosenöffner	apriscatole
aceite de oliva	olive oil	huile d'olive	Olivenöl	olio d'oliva
acercarse (a)	to approach	s'approcher (de)	sich nähern	avvicinarsi (a)
acordeón	accordion	accordéon	Ziehharmonika, Akkordeon	fisarmonica
adelgazar	to slim, to lose weight	maigrir	abnehmen	dimagrire
adicción (a)	addiction (to)	dépendance (de)	Sucht (nach)	assuefazione (a)
adicto (a)	addict (to), addicted (to)	dépendant (de)	Süchtiger, süchtig	dipendente (di)
admirador	admirer, fan	admirateur	Bewunderer, Fan	ammiratore
admitir	to admit	admettre, reconnaître	zugeben	ammettere
aerosoles	aerosols	aérosols	Sprays, Aerosole	aerosol
agenda	diary	agenda	Terminkalender	agenda
agotar	to exhaust	épuiser	aufbrauchen, ausschöpfen	esaurire
agua potable	drinking water	eau potable	Trinkwasser	acqua potabile
aguafiestas	killjoy	rabat-joie	Spielverderber	guastafeste
agujero	hole	trou	Loch	buco
aislamiento	isolation	isolement	Isolation, Abgeschiedenheit	isolamento
ajo	garlic	ail	Knoblauch	aglio
alargar	to extend, to prolong	prolonger	verlängern	prolungare, dilungare
alimenticio	eating (habits)	alimentaire	Ernährungs-	alimentare
almendras	almonds	amandes	Mandeln	mandorle
altavoz	loudspeaker	haut-parleur	Lautsprecher	altoparlante
anfiteatro	gallery, circle	balcon	Rang	anfiteatro
anillo	ring	anneau	Ring	anello
anónimo	anonymous	anonyme	anonym	anonimo
antelación	advance	avance	(im) Voraus, vorher	anticipo
anular	to cancel	annuler	nicht geben	annullare
aparato	appliance, machine	appareil	Gerät	apparecchio
aportación	contribution	apport	Beitrag	apporto, contributo
apoyar	to support, to back	soutenir	unterstützen, eintreten	appoggiare, confermare
armónica	harmonica	harmonica	Mundharmonika	armonica
arrabales	outskirts, suburbs	faubourgs, banlieues	Außenbezirke	borghi, sobborghi
arraigar	to be rooted	s'établir	Wurzeln schlagen	attecchire, affermarsi
asco	disgust, repulsion	dégoût	Ekel, Abscheu, Widerwille	schiffo, ripugnanza
asegurar	to assure	assurer	versichern	assicurare
atmósfera	atmosphere	atmosphère	Atmosphäre	atmosfera
autógrafo	autograph	autographe	Autogramm	autografo
azafrán	saffron	safran	Safran	zafferano
B				
balada	ballad	ballade	Ballade	ballata
ballena	whale	baleine	Walfisch	balena
balneario	spa, resort	station thermale	Kurort, Badeort	terme
bandoneón	a type of accordion	bandonéon	Bandoneon	bandonion
basura	garbage, trash	ordures	Müll, Abfall	immondizia, spazzatura
batería	drums, drum kit	batterie	Schlagzeug	batteria
biodiversidad	biodiversity	biodiversité	Biodiversität	biodiversità
bocadillo	sandwich	sandwich	belegtes Brötchen	panino
bocazas	big mouth	grande-gueule	Angeber	boccaccia
boda	wedding	mariage	Hochzeit	sposalizio, nozze
bolero	bolero	boléro	Bolero	bolero
bollo	bun, roll	brioche, pain au lait	Brötchen, Hefegebäck	brioche
bolso	bag, purse	sac (à main)	Tasche	borsa
bombilla	light bulb	ampoule (électrique)	Glüh(birne)	lampadina
broma	joke	plaisanterie	Scherz, Spaß	scherzo
bufanda	scarf	écharpe	Schal	sciarpa
búho	owl	hibou	Uhu	gufo

ESPAÑOL	INGLÉS	FRANCÉS	ALEMÁN	ITALIANO
burla	jeer, joke	moquerie, plaisanterie	Spott, Scherz	burla, scherzo
butaca	seat, armchair	fauteuil	Parkettsitz, Lehnstuhl	poltrona

C

ESPAÑOL	INGLÉS	FRANCÉS	ALEMÁN	ITALIANO
cable	cable	câble	Kabel	cavo
cadenas	channels, networks	réseaux, canaux	Kanäle	canali, reti
calcetines	socks	chaussettes	Socken	calzini
calculadora	calculator	calculatrice	Rechner	calcolatrice
calentamiento	warming	échauffement	Erwärmung	riscaldamento
camaleón	chameleðn	caméléon	Chamäleon	camaleonte
camión	truck, lorry	camion	Lastkraftwagen	camion
campaña	campaign	campagne	Kampagne	campagna
cáncer	cancer	cancer	Krebs	cancro
cántaro	pitcher, jug	cruche	Krug	orcio, brocca
cantautor	singer-songwriter	auteur-compositeur -interprète	Liedermacher	cantautore
cante	Andalusian folk song	chant populaire andalou	andalusisches Volkslied	canzone popolare andalusa
carácter	character, personality	caractère, tempérament	Charakter, Temperament	carattere
carcajada	guffaw	éclat de rire	Gelächter	risata
casilla	square	case	Feld	casella
castañuelas	castanet	castagnettes	Kastagnette	nacchera
caza	hunting	chasse	Jagd	caccia
cazadora	jacket	blouson	Jacke	giubbotto
cebolla	onion	oignon	Zwiebel	cipolla
celos	jealousy	jalousie	Eifersucht, Neid	gelosia
cercano	close, near	proche, prochain	nahe	vicino, prossimo
cerdo	pig, pork	cochon, porc	Schwein	maiale
cereales	grain, cereals	céréales	Getreide	cereali
chabola	shanty, shack	baraque	Baracke, Slumhütte	baracca
chatear	to chat	chater	chatten	chattare
chicle	chewing gum	chewing-gum	Kaugummi	gomma americana
chiste	joke	blague	Witz	battuta, barzelletta
ciberespacio	cyberspace	cyberespace	Cyberspace	ciberspazio
ciempiés	centipede	mille-pattes	Tausendfüßler	millepiedi
cigala	crawfish, crayfish	langoustine	Kaisergranat	scampo
cigüeña	stork	cigogne	Storch	cicogna
cinturón	belt	ceinture	Gürtel	cintura
cobertura	coverage	couverture	Empfang	copertura
cocción	cooking	cuisson	Kochen	cottura
colaborar (con)	to collaborate (with)	collaborer (avec)	zusammenarbeiten (mit)	collaborare con
colesterol	cholesterol	cholestérol	Cholesterin	colesterolo
colgar (el teléfono)	to put down	raccrocher	auflegen	riattaccare
coliflor	cauliflower	chou-fleur	Blumenkohl	cavolfiore
collar	necklace	collier	Halskette	collana
combatir	to fight	combattre	kämpfen, bekämpfen	combattere
compositor	composer	compositeur	Komponist	compositore
conexión	connection	connexion	Verbindung	collegamento
conllevar	to entail	comporter, impliquer	mit sich bringen	comportare
conservatorio	conservatory, conservatoire	conservatoire	Konservatorium	conservatorio
contaminación	pollution, contamination	pollution	Verschmutzung	inquinamento
contestador	answering machine	répondeur	Anrufbeantworter	risponditore
convención	convention	convention	Konferenz, Kongreß	convention, riunione
coro	choir	choeur	Chor	coro
correa	strap, band	bracelet	Band	cinturino
correo electrónico	electronic mail, e-mail	courrier électronique	E-Mail	posta elettronica
corrupción	corruption	corruption	Korruption	corruzione
cortaúñas	nail clippers	coupe-ongles	Nagelzange, Nagelzwicker	tagliaunghie
costumbrista	of local customs	de genre, de mœurs	Sitten-	di costumi, regionalista
cotilla	gossip	cancanier	Klatschmaul	pettegolo
creído	conceited	prétentieux	eingebildet	superbo, vanitoso
crema bronceadora	suntan cream	crème solaire	Sonnencreme	crema abbronzante
cuajar	to set	prendre	fest werden, eindicken	rapprendere
cubo	bucket	seau	Eimer	secchio
cumbre	summit	sommet	Gipfel	vertice, summit
curación	recovery	guérison	Heilung	guarigione

D

ESPAÑOL	INGLÉS	FRANCÉS	ALEMÁN	ITALIANO
datos	data, information	données, renseignements	Daten, Angaben	dati, informazione
defecto	fault, defect	défaut	Fehler, Defekt	difetto
deforestación	deforestation	déboisement	Entwaldung, Abholzung	deforestazione

ESPAÑOL	INGLÉS	FRANCÉS	ALEMÁN	ITALIANO
derechos	rights	droits	Rechte	diritti
desaparición	dissappearance	disparition	Verschwinden	scomparsa, sparizione
desarrollo	development	développement	Entwicklung	sviluppo
descolgar	to pick up	décrocher	abnehmen	alzare, sganciare
desconectar	to disconnect, to turn off	débrancher, couper	ausschalten, abschalten	disinserire, sconnettere
desertización	desertification	désertification	Wüstenbildung	desertificazione
desnudo	naked	nu	nackt	nudo
despistado	absent-minded	distrait, désorienté	vergeßlich, verwirrt	distratto, disorientato
deterioro	deterioration, wear	détérioration	Verschlechterung, Schaden	deterioramento
dieta	diet	diète, régime alimentaire	Kost, Diät	dieta
director	conductor	chef (d'orchestre)	Direktor	direttore
disco duro	hard disk	disque dur	Festplatte	disco fisso
disfrutar (de)	to enjoy, to have	jouir (de), disposer (de)	verfügen (über), haben, sich erfreuen	godere (di)
disgustado	upset	contrarié, fâché	erzürnt, verärgert	dispiaciuto, arrabbiato
disquete	diskette, floppy disk	disquette	Diskette	dischetto
disquetera	disk drive	unité de disquette	Diskettenlaufwerk	drive
donar	to donate	faire don de	spenden, stiften	donare
dramaturgo	playwright	dramaturge	Dramatiker	drammaturgo
dúo	duo, duet	duo	Duo, Duett	duo

E

ecología	ecology	écologie	Ökologie	ecologia
ejemplares	copies	exemplaires	Exemplare	esemplari
emisión	emission	émission	Emission, Abgabe, Ausstoß	emissione
empollón	swot, grind	bûcheur	Streber	secchia
encuestados	the polled	interrogés, sondés	Befragten	interrogati
engordar	to put on weight	grossir	dick werden	ingrassare
ensanchar	to widen, to let out	élargir, agrandir	verbreitern, erweitern	allargare
entorno	environment	environnement	Umgebung, Umwelt	ambiente
equivocación	mistake	erreur	Irrtum, Fehler	sbaglio, errore
erradicar	to eradicate, to wipe out	éradiquer	ausrotten	sradicare
escape	leak	fuite	Leck, undichte Stelle	fuga
escenario	stage	scène	Bühne	palscoscenico
esclavo	slave	esclave	Sklave	schiavo
esponja	sponge	éponge	Schwamm	spugna
estribillo	refrain	refrain	Refrain	ritornello
estropear	to damage, to spoil	abîmer, gâter	beschädigen, zerstören	rovinare, guastare
exprimir	to squeeze	presser	auspressen	spremere

F

felicitar	to congratulate	féliciter	gratulieren	fare gli auguri, congratularsi
feria	fair	salon, foire	Messe	fiera
fiera	beast, wild animal	fauve	Raubtier	belva, fiera
fila	row	rang	Reihe	fila
firmar	to sign	signer	unterschreiben	firmare
flamenco	flamenco	flamenco	Flamenco	flamenco
flauta	flute	flûte	Flöte	flauto
foca	seal	phoque	Robbe	foca
folio	leaf, A4 paper	feuille (de papier)	Blatt	foglio
fondos	funds, money	fonds	Fonds, Geld	fondi, denaro
forestal	forest	forestier	forstwirtschaftlich	forestale, boschivo
freír	to fry	faire frire	braten, frittieren	friggere
funeral	funeral service	funérailles, enterrement	Beerdigung, Bestattung	funzione funebre

G

gambas	shrimps, prawns	crevettes	Garnelen	gamberi
ganas (de)	urge (to), craving (for)	envie (de)	Verlangen (nach), Drang (nach)	voglia (di)
garbanzos	chickpeas	pois chiches	Kichererbsen	ceci
gitano	gypsy	gitan	Zigeuner	gitano
golosinas	sweets, tidbits	friandises	Süßigkeiten, Leckerbissen	ghiottonerie, leccornie
gozo	joy, pleasure	plaisir, jouissance	Wonne, Freude	gioia, piacere
gracioso	funny, amusing	drôle	witzig	spiritoso, arguto
grasas saturadas	saturated fats	graisses saturées	gesättigte Fette	grassi saturati
gratuito	free	gratuit	kostenlos	gratuito
grifo	tap, faucet	robinet	Hahn	rubinetto
guantes	gloves	gants	Handschuhe	guanti
guitarra	guitar	guitare	Gitarre	chitarra

ESPAÑOL	INGLÉS	FRANCÉS	ALEMÁN	ITALIANO
H				
habas	beans	fèves	Saubohnen	fave
harto (de)	fed up (with)	marre (de)	satt, überdrüssig	stufo (di)
hecho	fact, event	fait	Tatsache, Ereignis	fatto, avvenimento
hectárea	hectare	hectare	Hektar	ettaro
héroe	hero	héros	Held, Heros	eroe
hidratos de carbono	carbohydrates	hydrates de carbone	Kohlenhydrate	idrati di carbonio
hogar	home	foyer	Zuhause	casa
hondo	deep	profond	tief	profondo, fondo
horquilla	hairgrip, bobby pin	épingle à cheveux	Haarnadel	forcina, doppia punta
hortalizas	vegetables, garden produce	légumes	Gemüse	ortaggi
hortera	tacky, uncool	plouc, ringard	geschmacklos, kitschig	cafone, volgare
huésped	guest	hôte, client	Gast	ospite
I				
impresora	printer	imprimante	Drucker	stampante
incidente	incident	incident	Vorfall, Zwischenfall	evento, incidente
infancia	childhood	enfance	Kindheit	infanzia
informe	report	rapport	Bericht	rapporto
ingenioso	witty, ingenious	ingénieux	geistreich, geschickt	ingegnoso, spiritoso
innecesario	unnecessary, needless	inutile	unnötig	non necessario
integral	integral	intégral	vollwertig	integrale
internauta	Internet surfer	internaute	Internetsurfer	navigatore d'Internet
ironía	irony	ironie	Ironie	ironia
isla	island	île	Insel	isola
J				
judías blancas	haricot beans, navy beans	haricots blancs	weiße Bohnen	fagioli bianchi
judías verdes	green beans	haricots verts	grüne Bohnen	fagiolini, fagioli verdi
justificar	to justify	justifier	rechtfertigen	giustificare
L				
labor	work	travail	Arbeit	lavoro
laboral	labour (before n), work (before n)	de / du travail	Arbeits-	lavorativo, di (del) lavoro
lácteos	dairy	laitiers	Milch-, milchig	lattei
ladrillo	brick	brique	Ziegel	mattone
lavaplatos	dishwasher	lave-vaisselle	Spülmaschine	lavastoviglie
lechera	milkwoman	laitière	Milchfrau	lattaia
lector de CD	drive	lecteur de CD	CD-Laufwerk	lettore
legumbres	legumes	légumes	Hülsenfrüchte	legumi
lentejas	lentils	lentilles	Linsen	lenticchie
ley	law	loi	Gesetz	legge
lírica	poetry, lyric	poésie / chant lyrique	Lyrik, lyrisch	lirica
llamada	call	appel	Ruf, Anruf	chiamata
llavero	key ring	porte-clefs	Schlüsselring	portachiavi
localidades	seats, tickets	places	Eintrittskarten, Sitzplätze	posti, biglietti
logro	achievement	réussite, succès	Errungenschaft, Erfolg	riuscita, successo
luna	moon	lune	Mond	luna
M				
maíz	maize, corn	maïs	Mais	granturco, mais
malsana	unhealthy	malsaine	ungesund	malsana
medio ambiente	environment	environnement	Umwelt	ambiente, ecosistema
mejillones	mussels	moules	Miesmuscheln	cozze
mensual	monthly	mensuel	monatlich	mensile
microondas	microwave oven	micro-ondes	Mikrowellenherd	forno a microonde
mochila	backpack	sac à dos	Rucksack	zaino
módem	modem	modem	Modem	modem
monedero	purse	porte-monnaie	Geldbeutel	portamonete
multa	fine	amende	Geldstrafe	multa
música disco	disco music	musique disco	Disco-Musik	musica disco
N				
nadie	nobody	personne	niemand	nessuno
náusea	nausea	nausée	Übelkeit	nausea
navegar	to surf	naviguer	surfen	navigare

ESPAÑOL	INGLÉS	FRANCÉS	ALEMÁN	ITALIANO
novela	novel	roman	Roman	romanzo
novelista	novelist	romancier	Romanautor	romanziere
nueces	walnuts	noix	Nüsse	noci
nutrición	nutrition	nutrition	Ernährung	nutrizione

O

obesidad	obesity	obésité	Fettleibigkeit	obesità
objeción	objection	objection	Einwand	obiezione
ojalá	I hope so!, I wish...!	si seulement...	hoffentlich	magari
oportunidad	chance, opportunity	opportunité, occasion	Gelegenheit, Chance	opportunità
ordenador	computer	ordinateur	Rechner, Computer	computer
orquesta	orchestra	orchestre	Orchester	orchestra

P

paella	paella	paella	Paella	paella
paga	payment, salary	paie	Be(zahlung), Lohn	paga, stipendio
palco	box	loge	Loge	palco
palmas	clapping	applaudissements	Klatschen, Applaus	palme
palomitas	popcorn	pop-corn	Popcorn	pop corn
pantalla	monitor	écran	Bildschirm	schermo
papel	role, part	rôle	Rolle	ruolo, parte
pastel	cake, pie	gâteau	Kuchen	pasticcio, pasticcino
patio de butacas	stalls, orchestra	orchestre	Parkett	platea, parterre
patologías	pathologies	pathologies	Pathologie	patologie
peine	comb	peigne	Kamm	pettine
pelea	quarrel, fight	dispute, brouille	Streit, Schlägerei	lite, baruffa
pelota	creep	lèche-bottes	Kriecher	leccapiedi
pendientes	earrings	boucles d'oreille	Ohrringe	orecchini
pereza	laziness	paresse	Faulheit	pigrizia
pesado	pain, pest, bore	casse-pieds, raseur	Nervensäge	noioso
pesquera	fishing (before n)	de pêche, de la pêche	Fischer-	peschereccia
petróleo	oil	pétrole	Erdöl	petrolio
piano	piano	piano	Klavier	pianoforte
pimiento	pepper	piment	Paprika	peperone
plancha	iron	fer à repasser	Bügeleisen	ferro da stiro
plancha, a la	grilled	grillé(e)	gegrillt	alla piastra
planeta	planet	planète	Planet	pianeta
plantear	to set out, to explain	poser, proposer	aufwerfen, darlegen	esporre, impostare
plátano	banana	banane	Banane	banana
pobreza	poverty	pauvreté	Armut	povertà
portátil	laptop, portable (computer)	(ordinateur) portable	Laptop	(computer) portatile
pozo	well	puits	Brunnen, Quelle	pozzo
premio	prize	prix	Preis	premio
prensa	press	presse	Presse	stampa, i giornali
prestar	to lend	prêter	leihen	prestare
privado	private	privé	privat	privato
prosa	prose	prose	Prosa	prosa
proteínas	proteins	protéines	Proteine	proteine
proyecto	plan	projet	Plan, Projekt	progetto
pulmón	lung	poumon	Lunge	polmone
pulsera	bracelet	bracelet	Armband	braccialetto

R

radiaciones	radiations	radiations, rayonnements	Strahlungen, Bestrahlungen	radiazioni
rasgo	feature, characteristic	trait, caractéristique	Merkmal, Charakteristik	tratto
rata	rat	rat	Ratte	ratto
rato	while	quelque temps, moment	Weile	pezzo
recado	message	message	Nachricht	messaggio
recargar	to refill, to recharge	recharger	nachladen, aufladen	ricaricare
recaudar	to collect	collecter, recouvrer	erheben, einziehen	riscuotere, raccogliere
reciclaje	recycling	recyclage	Recycling	riciclaggio
recital	recital	récital	Konzert	recital
recreo	recreation, amusement	loisir	Ausruhen, Belustigung	ricreazione, svago
regalo	present	cadeau	Geschenk	dono
régimen	diet	régime	Diät	dieta, regime
rehogar	to fry lightly, to brown	faire revenir	anbraten	soffriggere, rosolare
reservar	to reserve, to book	réserver	reservieren, vorbestellen	prenotare
respeto	respect	respect	Respekt	rispetto

ESPAÑOL	INGLÉS	FRANCÉS	ALEMÁN	ITALIANO
retransmitir	to broadcast	retransmettre	übertragen	ritrasmettere
riesgo	risk	risque	Risiko	rischio
riqueza	wealth, riches	richesse	Reichtum	ricchezza
risa	laugh	rire	Lachen	riso

S

saber	to know	savoir	wissen	sapere
saldo	balance	solde	Saldo, Stand	saldo
salud	health	santé	Gesundheit	salute
saludable	healthy, salutary	sain, salutaire	gesund, nützlich	sano, salutare
salvaje	savage, wild	sauvage	wild, ungesellig, grausam	selvaggio
sanitaria	sanitary, health (before n)	sanitaire	sanitär, Gesundheit-	sanitario
sartén	frying pan	poêle	Pfanne	padella
satélite	satellite	satellite	Satellit, Trabant	satellite
saxofón	saxophone	saxophone	Saxophon	sassofono
secreto	secret	secret	Geheimnis, geheim	segreto
selva	forest, jungle	forêt	Wald, Dschungel	foresta, selva
sinfonía	symphony	symphonie	Sinfonie	sinfonia
síntoma	symptom	symptôme	Symptom	sintomo
solidaridad	solidarity	solidarité	Solidarität	solidarietà
solista	soloist	soliste	Solist	solista
soprano	soprano	soprano	Sopran	soprano
sordo	deaf	sourd	taub	sordo
suceso	event	événement	Vorfall, Ereignis	avvenimento

T

tablao	flamenco club	club de flamenco	Flamencolokal	locale di flamenco
tacaño	stingy, mean	avare	Knauser, knauserig	taccagno, tirchio
taconeo	heel stamping	claquement des talons	Aufstampfen	tacchettio
talar	to fell, to cut down	abattre	fällen	abbattere, disboscare
tambor	drum	tambour	Trommel	tamburo
tango	tango	tango	Tango	tango
tarjeta	card	carte	Karte	carta, biglietto, scheda
teclado	keyboard	clavier	Tastatur	tastiera
tela	fabric, cloth	étoffe, tissu, toile	Stoff	stoffa, tessuto
telefonazo	buzz, call	coup de fil	Anruf	colpo di telefono
tenor	tenor	ténor	Tenor	tenore
tijeras	scissors	ciseaux	Schere	forbici
tirar	to throw	jeter	werfen	buttare
toalla	towel	serviette	Handtuch	asciugamano
todoterreno	off-road vehicle	véhicule tout terrain	Geländefahrzeug	fuoristrada
tonto	fool, stupid, silly	sot, bête	Dummkopf, dumm	sciocco
tortilla española	Spanish omelette	omelette espagnole	spanisches Omelett	frittata spagnola
tóxico	toxic	toxique	Gift, giftig	tossico
trompeta	trumpet	trompette	Trompete	tromba
truhán	knave	truand	Schurke, Ganove	truffatore

U

usuario	user	utilisateur, usager	Benutzer, Anwender	utente

V

vecinos	neighbours	voisins, habitants	Nachbarn	vicini
veneno	poison	poison	Gift	veleno
ventaja	advantage	avantage	Vorteil	vantaggio
verduras	vegetables	légumes	Gemüse	verdure
vergüenza	embarrassment, shame	honte	Verlegenheit, Scham	vergogna
vertedero	dump	décharge publique	Mülldeponie	discarica
verter	to dump	déverser	deponieren	scaricare
vertido	dumping	déversement	Entleeren	scarico
vídeojuego	video game	jeu vidéo	Videospiel	videogioco
vinagre	vinegar	vinaigre	Essig	aceto
violín	violin	violon	Geige	violino
vivienda	housing, house	logement	Wohnung	alloggio, abitazione
voluntario	volunteer, voluntary	volontaire	Freiwilliger, freiwillig	volontario

Z

zanahoria	carrot	carotte	Mohrrübe	carota
zarza	bramble	ronce	Dornbusch	rovo
zarzuela	zarzuela (Spanish operetta)	zarzuela, opérette espagnole	Zarzuela (spanische Operette)	zarzuela (operetta spagnola)

GIROS Y EXPRESIONES

ESPAÑOL	INGLÉS	FRANCÉS	ALEMÁN	ITALIANO
Lección 1. Para que te enteres				
¡Qué pena!	What a pity!	Quel dommage !	Schade!	Che peccato!
¡Qué lástima!	What a pity!	Quel dommage !	Schade!	Che peccato!
¡Qué rollo!	What a drag!	Quelle barbe !	Wie nervig!	Che palla!
¡Qué aburrimiento!	How boring! How dull!	Quelle barbe !	Wie langweilig!	Che noia!
¡Qué asco!	How disgusting!	C'est dégoûtant !	Wie eklig!	Che schifo!
¡Qué bien!	Well done!	C'est super !	Super!	Bene!
¡Qué bueno!	Great! That's great!	Génial !	Das war gut / lecker!	Bravo!
En vías de desarrollo.	Developing	En voie de développement.	Schwellen(land).	In via di sviluppo.
Lección 2. Me comía una vaca				
Te aconsejo que estudies un poco cada día.	I advise you to study a little every day.	Je te conseille d'étudier un peu tous les jours.	ich rate dir, jeden Tag ein wenig zu lernen.	Ti consiglio di studiare un pò ogni giorno.
Yo, que tú, me pondría / ponía otro despertador.	If I were you, I'd set another alarm clock.	À ta place, je mettrais un deuxième réveil.	Ich an deiner Stelle würde mir einen anderen Wecker stellen.	Al tuo posto userei un altra sveglia.
¿Por qué no haces deporte cada día?	Why don't you do sport every day?	Pourquoi ne fais-tu pas du sport tous les jours ?	Warum treibst du nicht täglich Sport?	Perchè non fai sport tutti i giorni?
Yo, en tu lugar, me traía / traería un bocadillo.	If I were you, I'd bring a sandwich.	À ta place, j'emporterais un sandwich.	Ich an deiner Stelle würde ein Brötchen mitbringen.	Io al tuo posto mi porterei un panino.
Deberías ser menos perezosa.	You should be less lazy.	Tu devrais être moins paresseuse.	Du solltest nicht so faul sein.	Dovresti essere meno pigra.
Lo que tienes que hacer es no comer a deshoras.	What you have to do is not eat betwen meals.	Évite de manger en dehors des repas.	Du solltest eben nichts zwischendurch essen.	Ciò che devi fare e non mangiare fuori orario.
Estaba a punto de salir cuando sonó el teléfono.	I was about to leave when the telephone rang.	J'étais sur le point de sortir quand le téléphone a sonné.	Ich wollte gerade raus gehen, als das Telefon klingelte.	Stavo per uscire quando è squillato il telefono.
Hacer régimen.	To be on a diet.	Suivre un régime.	Diät machen.	Fare una dieta.
Ponerse a dieta.	To go on a diet.	Se mettre au régime.	Eine Diät anfangen.	Mettersi a dieta.
Subir de peso.	Gain weight.	Grossir.	Zunehmen.	Aumentare di peso.
Perder peso.	Lose weight.	Maigrir.	Abnehmen.	Perdere peso.
Lección 3. Que lo pases bien				
Me cae bien / mal.	I like / dislike him.	Je l'aime bien / Je ne l'aime pas.	Er ist mir sympathisch / unsympathisch.	Mi è simpatico/a antipatico/a.
Hacer la pelota.	To suck up to.	Faire de la lèche.	Sich einschleimen.	Fare il ruffiano.
Meterse con alguien.	To pick on someone.	Taquiner quelqu'un.	Gegen jemanden gehen.	Prendersela con qualcuno.
Llevarse bien / mal con alguien.	Get on well / badly with someone.	S'entendre bien, mal avec quelqu'un.	Sich gut / schlecht mit jemandem verstehen.	Andare o no d'accordo con qualcuno.
Nadie me hace caso.	Nobody pays any attention to me.	Personne ne m'écoute.	Niemand beachtet mich / Niemand hört mir zu.	Nessuno mi fa caso.
Pasarlo mal / fatal.	Have a bad / terrible time.	Avoir des ennuis / Se sentir mal.	Schlecht / schrecklich ergehen.	Stare male/ malissimo.
A nadie le importo.	Nobody cares for me.	Personne ne s'intéresse à moi.	Ich bin niemandem wichtig.	Non interesso a nessuno.
Que lo pases bien.	Have a good time.	Amuse-toi bien.	Viel Spaß!	Divertiti.
Que te mejores.	Get well soon.	Soigne-toi bien.	Gute Besserung!	Auguri.
Que te diviertas.	Have fun.	Amuse-toi bien.	Viel Spaß!	Divertiti.
Que descanses.	Get some rest.	Repose-toi.	Erhol dich gut!	Riposati.
Que tengas suerte.	Good luck.	Bonne chance.	Viel Glück!	Buona fortuna.
Ser un bocazas.	To be a bigmouth.	Être une grande gueule.	Ein Großmaul sein.	Essere un ciarlatano.
Ser un aguafiestas.	To be a party-pooper, killjoy.	Être un trouble-fête.	Ein Spielverderber sein.	Essere un guastafeste.
Me da igual.	I don't care.	Ça m'est égal.	Mir ist es gleich.	Non mi importa.
Me importa un bledo.	I couldn't care less.	Je m'en fiche.	Ist mir scheißegal.	Non me ne frega niente.
Me parece un rollo.	I think it's a drag.	C'est la barbe !	Ich finde es Mist.	Mi sembra una palla.
Estoy hasta las narices.	I'm fed up.	En avoir marre.	Ich habe die Nase gestrichen voll.	Ne ho fin sulle scatole.
Partirse / morirse de risa.	Die laughing.	Se fendre la pêche.	Sich kaputt / totlachen.	Ammazzarsi dalle risate.
Meter la pata.	Put your foot in it.	Faire une gaffe.	Ins Fettnäpfchen treten.	Commettere un errore.
Lección 4. Me parece increíble				
Efecto invernadero.	Greenhouse effect.	Effet de serre.	Treibhauseffekt.	Effetto serra.
Lluvia ácida.	Acid rain.	Pluie acide.	Saurer Regen.	Pioggia acida.
Desarrollo sostenible.	Sustainable development.	Développement durable.	Nachhaltige Entwicklung.	Sviluppo sostenibile.

ESPAÑOL	INGLÉS	FRANCÉS	ALEMÁN	ITALIANO
Recursos naturales.	Natural resources.	Ressources naturelles.	Natürliche Ressourcen.	Risorse naturali.
Energías renovables.	Renewable energies.	Énergies renouvelables.	Erneuerbare Energien.	Energie rinnovabili.
Calentamiento de la tierra.	Global warming.	Réchauffement de la terre.	Erwärmung der Erde.	Riscaldamento della terra.
Marea negra.	Oil slick.	Marée noire.	Ölpest.	Marea nera.
Capa de ozono.	Ozone layer.	Couche d'ozone.	Ozonschicht.	Campana d'ozono.
Cambio climático.	Climatic change.	Changement climatique.	Klimawechsel.	Cambio climatologico.

Lección 5. Regálame lo que quieras

ESPAÑOL	INGLÉS	FRANCÉS	ALEMÁN	ITALIANO
Sin falta.	Without fail.	Sans faute.	Unbedingt.	Assolutamente.
¡Qué remedio!	What can you do!	Que veux-tu y faire !	Was bleibt einem anderes übrig!	Per forza!
Sin querer.	Unintentionally.	Involontairement.	Ohne Absicht.	Non volendo.
¡No faltaba más!	That's all we needed!	Il ne manquait plus que ça !	Aber gerne!	Ci mancherebbe altro!
Acaso.	By any chance.	Peut-être.	Vielleicht.	Per caso.
Puede que…	Maybe...	Il se peut que…	Es kann sein, dass...	Può essere che...
Tal vez…	Perhaps...	Sans doute…	Vielleicht...	Forse.
Es probable que…	It's likely that...	Il se peut que…	Es ist wahrscheinlich, dass...	È probabile che...
Es posible que…	It's possible that...	Il se peut que…	Es ist möglich, dass...	È possibile che...

Lección 6. Ha dicho que lo llames

ESPAÑOL	INGLÉS	FRANCÉS	ALEMÁN	ITALIANO
¿Diga? / ¿Dígame?	Hello?	Allô ?	Hallo.	Dica? Mi dica?
¿Se puede poner…?	Can I speak to...?	Je voudrais parler à...	Kann ich mit ... sprechen?	Vorrei parlare con...?
¿De parte de quién?	Who is it?	Qui est à l'appareil ?	Wer ist dran?	Chi lo desidera?
¿Quién le llama, por favor?	Who's calling, please?	De la part de qui, s'il vous plaît ?	Mit wem spreche ich bitte?	Chi lo desidera per piacere?
Ahora se pone.	He's just coming.	Ne quittez pas.	Er kommt sofort.	Arriva subito.
Ahora no puede ponerse.	He can't speak right now.	Il est occupé.	Er kann jetzt nicht ans Telefon.	Adesso non può.
Está comunicando.	It's engaged.	C'est occupé.	Er spricht gerade / Es ist besetzt.	È occupato.
¿Quiere(s) dejar algún recado / mensaje?	Would you like to leave a message?	Voulez-vous laisser un message ?	Wollen Sie / Willst du eine. Nachricht hinterlassen?	Vuole (vuoi) lasciare qualche messaggio?
Telefonía móvil.	Mobile telephone.	Téléphonie mobile.	Mobiltelephonie.	Telefoneé cellulari.
Ponerse al teléfono.	To take a call.	Se mettre à l'appareil.	Drangehen, ans Telefon gehen.	Rispondere al telefono.
Llamada perdida.	Lost call.	Appel en absence.	Eingegangener Anruf.	Chiamata persa.
Dar un telefonazo.	To slam the phone down.	Passer un coup de fil.	Mal anrufen.	Fare una telefonata.
Estar liado.	To be busy.	Être occupé.	Beschäftigt sein.	Essere indaffarato.

Lección 7. Dijo que era el mejor

ESPAÑOL	INGLÉS	FRANCÉS	ALEMÁN	ITALIANO
Fallarse un premio.	To award a prize.	Remettre un prix.	Ein Preis verliehen werden.	Aggiudicare un premio.
Conceder un premio.	To give a prize.	Décerner un prix.	Einen Preis verleihen.	Concedere un premio.
Rueda de prensa.	Press conference.	Conférence de presse.	Pressekonferenz.	Conferenza stampa.
Retransmisión en directo.	Live broadcast.	Retransmission en direct.	Direktübertragung.	Trasmissione in diretta.
A pesar de todo.	In spite of everything.	Malgré tout.	Trotz allem.	Malgrado tutto.
Aunque…	Although…, Even though…	Bien que…	Obwohl...	Benché...
Firmar un autógrafo.	To sign an autograph.	Signer un autographe.	Ein Autogramm geben.	Firmare un autografo.
Cultivar un género.	To practise a style.	Cultiver un genre.	Ein Genre pflegen.	Coltivare un genere.
Hacer las paces.	To make it up.	Se réconcilier.	Sich wieder vertragen / Frieden schließen.	Fare la pace.
De rodillas.	Kneeling.	À genoux.	Kniend.	In ginocchio.
Dar un empujón.	To spur on.	Pousser.	(Jemanden) stoßen.	Dare una spinta.

Lección 8. Si cantases boleros serías Luis Miguel

ESPAÑOL	INGLÉS	FRANCÉS	ALEMÁN	ITALIANO
Con tal de que vengas.	If it makes you come.	Du moment que tu viendras.	Hauptsache, du kommst.	Purché vieni.
Siempre y cuando vengas.	Whenever you come.	À condition que tu viennes.	Sofern du kommst.	Se vieni.
A condición de que vengas.	On the condition that you come.	À condition que tu viennes.	Vorausgesetzt, du kommst.	Con la condizione che vieni.
Reservar entradas.	To book tickets.	Réserver des billets.	Karten vorbestellen.	Prenotare biglietti.
Anular una reserva.	To cancel a booking.	Annuler une réservation.	Eine Reservierung stornieren.	Cancellare una prenotazione.
Dar un recital / un concierto.	To give a performance / concert.	Donner un récital/ un concert.	Ein Konzert geben.	Fare un concerto.
A mediados de…	In the middle of...	A la mi-	Mitte...	Verso la metà di...